中国珍スポ探検隊Vol.3
関上武司　南部編

中国遊園地大図鑑

まえがき

　中国の遊園地を紹介する本書シリーズの第3弾は南部編ということで広東省、香港、マカオ、広西チワン族自治区、海南省、福建省、江西省、湖南省といった地域の遊園地・テーマパークの情報をお届けしたい。

　2015年の統計では中国国内には914台のジェットコースターが設置されており、ランキング2位のアメリカの710台、3位の日本の213台を抜いてぶっちぎりの世界1位となっている。世界一人口が多い中国の中産階級が増加しているので、娯楽施設もそれだけ需要があるということだ。中国の技術革新も分野によっては驚嘆すべきレベルに達しており、最新技術がテーマパークのアトラクションに反映されていたりする（映像処理技術の向上、VR遊具の増加、ドローンによるショーの演出など）。

　本書で紹介する「万達楽園」や「方特夢幻王国」といったチェーンの次世代テーマパークが中国各地に開園するかと思えば、「香港ディズニーランド」のようなブランドのある物件ですら岐路に立たされる例もあり、時代の流れに乗り遅れて寂れる遊園地もあるが、これも「娯楽施設の栄枯盛衰の宿命」といったところだろう。言い訳になるのだが、筆者の本業との兼ね合いもあり、本書シリーズ中部編出版から続編の執筆に予想以上の時間が必要となった。その間、筆者の考えにも多少の変化が生じた。以前は中国のテーマパークでよく見るアカの他人が乗るボートに放水する水鉄砲にツッコミを入れていたが、しかし現在では、筆者の地元の愛知県で2017年に開園した「レゴランド・ジャパン」にも同様の遊具が登場し、テーマパークに水鉄砲を設置するのは世界的な潮流なのだと捉えている。

　筆者の予想通りだったのは、台湾の遊園地にも中国製の「戦火金剛」という遊具（アメリカ産ゲームキャラのパクリと考えられる）が稼働していたことだ。中国の遊具製造会社はアジア各国にも遊具を輸出しているはずだ。

　なお、本書のタイトルは『中国遊園地大図鑑　南部編』となっているが、北部編の用語集で解説したように元来、遊園地とテーマパークは似ているが異なる観光施設だ。本書にはまともな遊園地だと期待して親子で訪問すると、廃棄遊具だらけで子供に悪影響を与えかねない物件もあれば、中部編と同じく未成年は入場できない博物館まで収録しているが、「インパクトを重視した結果」ということで大目に見ていただきたい。中国でも漫画・アニメ・ゲームといったコンテンツ産業が成長してきているので、山塞文化が野放図だった以前と比較して、版権保護もある程度は強化されるものと予想される。その結果、中国各地で見られる緩いパクリキャラが淘汰される可能性もあり（本書に収録した「長沙世界之窓」に再訪したところ、若干だがパクリキャラの減少が見られた）、チャンスがあるなら早めに本書を片手に中国遊園地へ訪問することを勧めたい。

　本書は一般的な遊園地のガイドブックではないので、内容をよくよく吟味した上で訪問すれば、奇特な読者（ある意味、勇者）にとってプライスレスな体験（同行者にはトラウマかも？）になるだろう。それでは、遊園地の入園券を手にした気分で本書をご覧いただきたい。

目次

002 まえがき
003 目次
005 中国遊園地のオリジナルキャラ

007 **第1章　華南地方1　広東省**

008 虎のマスコットキャラが歓迎！ 広州代表のテーマパーク!!　長隆歓楽世界
018 世界一にこだわる広州市の新たなランドマークと蝋人形館！ 広州タワー＆広州名人蝋像館
024 有名な廃墟モール内遊園地の華麗なる復活劇　歓笑天地
028 さらば！ 航空母艦を再利用した軍事テーマパーク！　ミンスク・ワールド
038 政府要人も注目！ 経済特区を代表するテーマパーク!!　深圳世界之窓
042 中国全土を観光した気分になれるテーマパーク　錦繍中華民俗村
050 孫文ゆかりの公園の小規模パクリ遊園地レポート　韶関中山公園
054 括目せよ！ 中国五千年の性文化と巨大性器!!　韶関丹霞山中華性文化博物館
056 ほぼ廃墟遊園地で走り回る鶏と従業員の手作りソーセージ　珍珠楽園
068 **円谷プロも全貌を把握しきれないのか？パクリの国からやってきた偽ウルトラマン大集合!!**

073 **第2章　華南地方2　香港・マカオ**

074 大拡張して赤字解消を狙う世界で最も狭いディズニーリゾート　香港ディズニーランド
086 香港の新型観覧車とイベント会場の移動遊園地　香港摩天輪
088 摩天楼直下に香港漫画のキャラクターが集結！　九龍公園
094 産業の転換を図るカジノタウンの総合リゾート施設　マカオ・フィッシャーマンズ・ワーフ
098 **トランプ大統領もびっくり！ 山塞アメリカ合衆国議会議事堂特集!!**

101 **第3章　華南地方3　広西チワン族自治区・海南省**

102 巨大な恐竜の化石の下を走るアンパンマン型ライド　南寧人民公園
106 カウントダウンイベントに偽ピカチュウ大量発生チュウ！　南寧鳳嶺児童公園
116 全国一流の動物園が漢方薬の熊胆粉を販売して問題化！　南寧動物園
120 南国の密林のような公園内の小規模遊園地で目撃したパクリ　南寧南湖公園
122 南の島の遊園地でもネズミ型コースター大爆走！　白沙門公園
126 **知られざる中華料理も多数あり！ 中国遊園地グルメ**

129 第4章　華南地方4　福建省・江西省・湖南省
130 高層マンションが景観を破壊？　南方の北京故宮博物院　同安影視城
134 園内でオリジナルキャラよりも目立つ熊兄弟とおっさん　アモイ方特夢幻王国
142 南昌最大の公園の山寨＆廃墟遊具のコラボ　南昌人民公園
146 建軍記念の公園内で『カーズ』のパクリ遊具発見！　南昌八一公園
154 バーベキュー会場として繁盛する廃墟遊園地　青山湖遊楽園
160 駐車場が圧倒的に不足している中国最大の観覧車　南昌之星遊楽園
170 打倒ディズニーのコンセプトは特産品の景徳鎮！　南昌万達楽園
198 地下宮殿で展開される中華エログロワールド！　湖南烈士公園
204 赤鼻つきの偽物国家首脳陣がパレードに登場！　長沙世界之窓

222 あとがき

アイコンの見方

🏠 遊園地の名称

- 読　日本語の読み方
- 簡　中国語簡体字の表記（香港・マカオの物件は繁体字）
- 発　中国語の発音（香港・マカオの物件は広東語の発音）
- A　英語の名称
- 📍　住所
- 🚇　アクセス方法
- ¥　入場料
- ↗　面積
- 🕐　開園時間
- 💻　ホームページのアドレス

補足：円と元のレートは2018年5月のレートを元に、煩雑さを避けるため小数点は切り捨て、17円で計算。香港ドルは1ドル約14円で計算。

中国遊園地のオリジナルキャラ

ディズニーランドを代表するのはミッキーマウスなのだが、中国遊園地を訪問するとどのようなキャラが出迎えてくれるのだろうか？ 基本的に動物をモチーフとしたキャラが多く、児童にも親しみやすいデザインが施され、細かいキャラクター設定がされている場合もある。当然ながら有名キャラのパクリ疑惑もあれば、公式HPにもキャラの名称が表記されていない例も存在する。中国遊園地のオリジナルキャラグッズは外部で販売されるケースはほとんどないはずなので、購入すると忘れられない記念品になるかも？

モチーフ：虎
卡卡・カーカー（ホワイトタイガー♂）と**琦琦・チーチー**（虎♀）
英語名：KAKA・KIKI
撮影場所：長隆歓楽世界（広東省）
キャラデザインやグッズ、着ぐるみのクオリティ、ポージングの完成度も高い。広東省トップクラスのテーマパークのキャラというのも納得。

モチーフ：ライオン
苏迪 蘇迪・スーディ
撮影場所：蘇州楽園（江蘇省）
どことなくディズニー風のイメージを醸し出しているが、公式HPでは家族構成やストーリーが設定されているのは立派だ。

モチーフ：犬
囧囧・ジョンジョン
英語名：JOYJOY
撮影場所：嬉戯谷（江蘇省）
緑色がメインカラーの犬キャラ。おそらく版権無視のスーパーサイヤ人とコラボした着ぐるみが園内を練り歩いていた。

モチーフ：牛
名称：不明
撮影場所：西部歓楽園（甘粛省）
公式HPや園内案内図にも登場するが、名称不明。残念ながらキャラグッズも園内では見かけなかった。

モチーフ：猿
名称：不明
撮影場所：青島宝龍楽園（山東省）
有名な猿のキャラクターは『西遊記』の孫悟空だろうが、屋内廃墟遊園地のマスコットキャラは現在では名称すら不明。

モチーフ：パンダ＆猿
帅帅 帥帥・シュアイシュアイ（パンダ♂）
＆美美・メイメイ（猿♀）
撮影場所：南昌万達楽園（江西省）
他にも多数のマスコットキャラが存在するが、一番目立つ＆名前が判明したのがパンダの男子と猿の女子。しかし中の人は両方とも男性だと思われた。

モチーフ：パンダ
吉祥・ジーシャン（♂）
如意・ルーイー（♀）
撮影場所：国色天郷楽園（四川省）
四川省のテーマパークなので有名なパンダをマスコットキャラにするのは理解できるが、ミッキー＆ミニーマウスに酷似っ！

モチーフ：恐竜
嘟嚕嘟比・ドゥルドゥビー（青）
嘟妮・ドゥニー（ピンク）
撮影場所：方特歓楽世界（安徽省）
チェーンのテーマパークなのでキャラグッズも充実している。しかし園内では中国産アニメ『熊出没』のキャラの方が目立っているぞ！

モチーフ：鳥
ペディー・バード（♂）
ポーリー・バード（♀）
撮影場所：珍珠楽園（広東省）
香川県のニューレオマワールドと同じマスコットキャラ。実は旧レオマワールドと珍珠楽園を開園したのは日本ゴルフ振興株式会社だが、すでに倒産。

モチーフ：蟻
歓歓・ファンファン（青）、
楽楽・ローロー（ピンク）、
小谷・シャオグー（緑）
撮影場所：武漢歓楽谷（湖北省）
チェーンのテーマパークの3匹の蟻キャラ（映画『バグズ・ライフ』との関連は不明）。3匹の名前を合わせると施設名の「歓楽谷」なる。

モチーフ：トマト
細毛砣・シーマオター（♂）
毛毛・マオマオ（♀）
撮影場所：長沙世界之窓（湖南省）
野菜モチーフのマスコットキャラは珍しいが、元ネタは『ウゴウゴルーガ』のトマトちゃんではないか？と筆者にタレこみあり。

モチーフ：正体不明
酷楽・クーロー（青）
酷啦咪・クーラーミィ（黄）
撮影場所：発現王国（遼寧省）
酷楽（星座：双子座　血液型：O型　楽天的な性格で女性と縁がある）酷啦咪（星座：水瓶座　血液型：O型　情熱的な性格）とキャラ設定が秀逸。

モチーフ：正体不明
太空三毛・タイコンサンマオ
撮影場所：長影世紀城（吉林省）
元ネタと推測される中国の古典的漫画『三毛流浪記』の主人公の三毛は髪の毛が3本の少年キャラだ。ちなみに漫画の三毛少年は太空（宇宙）には行っていない。

モチーフ：正体不明
名称：不明
撮影場所：南寧鳳嶺児童公園（広西チワン族自治区）
杖を持ったり服を着ていたりするが、ピカチュウのパクリであろう。元ネタ同様、かわいらしいデザインなのでキャラグッズの販売もしてほしいところだ。

モチーフ：龍
名称：不明
撮影場所：龍華歓楽園（河南省）
園内でも非常に存在感が薄いマスコットキャラ。近年、このキャラが掲載されていた公式HPがまったく別企業のものに変化し、今後の運営が心配。

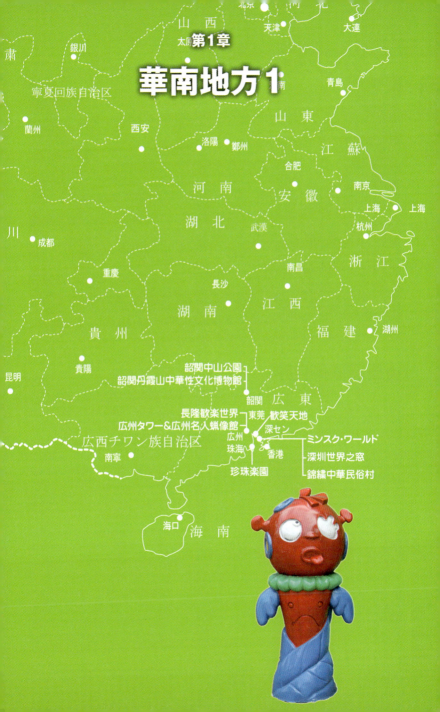

長隆歓楽世界

- 読 ちょうりゅうかんらくせかい
- 簡 长隆欢乐世界
- 発 チャンロンファンローシィジエ
- A Chimelong Paradise
- 广东省广州市番禺区迎宾路长隆旅游度假区内
- 广州白云国际机场の「机场南站」から出発する地下鉄3号線で「汉溪长隆站」で下車。「广州南站」から出発する地下鉄7号線で「汉溪长隆站」で下車。汉溪长隆站のD、E出口からリゾート各エリアを巡る無料のシャトルバスが運行。駅の出口から南門まで徒歩5〜10分くらい。
- 約130万平方メートル
- ¥ 250元（約4250円）
- 月曜〜金曜 09:30〜18:00
  土曜・日曜 09:30〜19:00
- http://www.chimelong.com/happy/

　広州長隆旅遊度假区は広東省広州市が誇る国家5A級旅遊景区のリゾート施設だ。アミューズメント、レストラン、ホテルが一体となった大型企業グループで、約666万平方メートルという広大な敷地内には長隆歓楽世界、長隆国際大馬戯（サーカス）、長隆香江野生動物世界、長隆水上楽園、広州鰐魚公園（クロコダイルパーク）、長隆酒店（ホテル）などの施設があり、1日だけではとても遊びきれない規模で展開されている。

　同グループは広東省珠海市でも珠海横琴長隆海洋度假区を運営しており、世界最大の水族館の珠海長隆海洋王国も要注目だ。広州の同リゾートを代表する長隆歓楽世界は2006年に開園。アクセスは中国のテーマパークでもトップクラスで便利！　玄関口の広州地下鉄駅の漢渓長隆站は3号線と7号線が開通し、それぞれ広州白雲国

西洋人ダンサーとポーズを決める虎キャラ。

際空港と高速鉄道駅の広州南站を結んでいる(2018年時点では北京石景山遊楽園や上海ディズニーランドですら地下鉄やMRTは1路線しかない)。公式HPによると敷地面積約130万平方メートル、初期投資額20億元(約340億円)以上、これまで3000万人以上、1日で最大10万人以上の来場者が訪れたとのこと。地下鉄の本数からしても広州市政府から最大級の期待をされた観光施設なのだろう。

西洋人バンドメンバーも園内を巡回。

　園内にはマスコットキャラのKAKA(ホワイトタイガーの男子)、KIKI(虎の女の子)、BOBBY(太っちょ虎)といった着ぐるみが巡回し、来場者と記念撮影をしている。スタイル抜群の外国人女性スタッフと一緒にK-POPをBGMにダンスをしている姿も見られた。売店では3匹のキャラグッズの他に『カンフーパンダ』のキャラのぬいぐるみも販売。同作品を製作した

マスコットキャラのKAKAとKIKI。

4本腕の妖怪のモチーフは『ポケモン』のカイリキーか？

『カンフーパンダ』グッズはおそらく正規品。

イラストも中身も「おっとっと」にそっくり！

ドリームワークス・アニメーションのジェフリー・カッツェンバーグCEOが2015年に長隆野生動物世界を訪問していることもあり、正規品のようだ。

　同園でのストレートな山塞キャラやグッズはそれほど多くはないが、壁に描かれたサンリオのキキとララのイラストや売店で『スター・ウォーズ』の「ライトセイバー」に酷似している「レーザーソード」、スナック菓子の「おっとっと」の明らかなパクリの「好多魚」（製造元は韓国企業のオリオン社）が目撃される。

　ゲームコーナーでは1992年にカプコンが販売したアーケードゲームの『天地を喰らうⅡ赤壁の戦い』が稼働していた。このゲームは三国志の赤壁の戦いを舞台にしているがタイトルがなぜか『三剣聖』となっていて、仰天した。プレイヤーキャラクターは関羽、張飛、趙雲、黄忠、魏延の5名

じっくり眺めるとかわいいと感じるキャラデザイン。

なのでタイトルの意味がまったく理解できない。隣には同作品の類似品で台湾のゲームメーカーIGSが1999年に販売した『三国戦記』も稼働。

　2015年に中国で『捉妖記』という人間と妖怪が登場する映画が公開され、同園では4D版を鑑賞できる。2016年にスマホゲームの『ポケモンGO』が世界を熱狂させたが、中国では直後に山塞ゲームの『山海経GO』や『捉妖記GO』が発表される。捉妖記に登場する萌えを意識したキモカワ系妖怪はポケモンとデザインが似ていると中国のネットでも叩かれ、英語版のタイトルは『Monster Hunt』なのでカプコンの『モンスターハンター』シリーズを彷彿とさせる。

　フードコートの椰林餐庁で海南鶏飯セットを食べてみるが、「食在広州」（食は広州にあり）といわれるのが実感できる旨さ

「レーザーソード」の他にもグッズの品揃えが充実。

『天地を喰らうⅡ赤壁の戦い』のタイトルが『三剣聖』に！

海南鶏飯セットを食べられる椰林餐庁。

「海南鶏飯セット」を食べられる椰林餐庁。

チェーンソーでハート型に木材をカット！

だ。あっさりした味付けの骨付き鶏肉、黄色く炊かれたご飯や野菜、果物と栄養バランスが良いのも素晴らしく、78元（約1320円）という高い価格設定以外は絶賛したい！

　同園はショーにも力を入れており、大型のイリュージョンマジックショーや巨大プールが設置された国際特技劇場ではUSJのウォーターワールドのようなショーが行われているようだ。北美伐木表演場では北米のランバージャックショーが開催され、外国人のパフォーマーがチェーンソーで材木を切ったりダンスを披露したりするコメディータッチの内容で2〜300名くらいの観客がいた。パレードでは20カ国以上の外国人パフォーマーが200名以上も集まり園内を巡回する。

　近年の中国のテーマパークでは遊具のスペックで世界最大、世界初、ギネス記録に

ランバージャックショーのクライマックス。

挑戦するといった傾向があり、同園も例外ではない。園内の垂直過山車は文字通り垂直落下式のジェットコースターだが、スイスに本社を構えるコースター製造メーカーのBolliger&Mabillard社が製作。走行中は2回も垂直落下するので、見るだけで背筋に冷や汗が出そうな迫力で世界的に優秀なコースターとのこと。

十環過山車もスイスの遊具製造メーカーのIntamin社が製作し、走行中に10回のループが設置されたギネス記録のコースターだ。筆者は2016年12月に訪問したが、集客率の低い年末でも同園は一定の来場者が見られ、新しい遊具を設置する工事も行われていた。遊具の設備投資や更新、メンテナンスが適切に行われないとリピート客を確保できない。赤字経営の多い中国のテーマパークの中でも長隆歓楽世界は今後も勝ち組であると予想される。

天にそびえる垂直落下式ジェットコースター。

コースターのスリルも中国でもトップクラスだ。

ピエロ風コスチュームのスタッフも園内を練り歩く。

サンタクロースの人形が木にぶら下がっている。

オリジナルキャラのデザインも秀逸だ。

カップルの撮影スポット。

虎キャラのKAKA像の前も記念撮影スポットだね！

メタルチックなペガサス。

ＳＦアトラクション星際決戦のオブジェ。

馬に乗って記念撮影にどうぞ。

中国南部でもクリスマスイベントは開催される。

ボートに乗ると周囲から放水される遊具。

お化け屋敷の森林神廟で待ち構えるドラゴン。

大王イカより強そうな名前の覇王イカ（たぶん美味）。

屋内遊具施設も充実している。

やたら濃い顔の機関車トーマスもどき。

まるで抽象画のようなデザインのオブジェ。

世界一にこだわる広州市の新たなランドマークと蝋人形館!

🏛 広州タワー&広州名人蝋像館

- 読 こうしゅうたわー&こうしゅうめいじんろうぞうかん
- 簡 广州塔&广州名人蜡像馆
- 発 グゥアンヂョウター
  &グゥアンヂョウミンレンラーシィアングァン
- A Canton Tower & Guangzhou Celebrity Wax Museum
- 📍 广东省广州市海珠区阅江西路222号
- 🚇 地下鉄3号線、APM線「广州塔站」で下車
- 📐 約17万5千平方メートル
- ¥ 広州タワー入場料:150元(約2550円)~398元(約6760円)
  広州名人蝋像館入場料:120元(約2040円)
- 🕒 広州タワー営業時間:09:00~23:00
  広州名人蝋像館営業時間:09:30~22:30
- 🖥 http://www.cantontower.com/

　広州タワーは2010年にオープンした電波塔兼観光施設で、広州市で開催されたアジア大会に間に合うように建設されている。広州タワーのデザインはオランダ人の建築士夫婦のMark HemelとBarbara Kuitが設計。神戸ポートタワーと同様に塔の中央部分にくびれがあり、繊細な女性の腰を意味する「小蛮腰」とも呼ばれている。

　アクセスは至便の一言で地下鉄3号線、APM線「广州塔站」で下車すれば目の前だ。広州タワーは全高600メートルを誇り、東京スカイツリーが完成するまでは世界一の高さの電波塔だった。

　屋上(アンテナの基部)まで450メートルあり、傾斜した屋上の楕円形のふちを沿って球形のゴンドラが周回する世界一の高さの観覧車や、世界一高い場所にあるフリーフォールといったギネス記録も持つ遊具があるのも特徴だ。

世界一の高さに設置された観覧車の球形ゴンドラ。

アンテナ基部には488メートルの高さに展望台も設置されているので、大都市の上空から眺める絶景を期待してしまいがちだ。しかし広州市は中国でもトップクラスで経済発展を遂げた都市で、冬場は大気汚染の影響で非常に視界が悪い。

入場料金は複数ある展望台の高度や遊具の利用によって異なるので、訪問当日の天候によってどこまで登るか判断するのがいいだろう。タワー内にはギネス記録の世界最高地点にある回転レストランもあり、結婚式の会場としての利用も可能だ。科学館や各種店舗も営業し、記念品も販売されている。ゲームコーナーのクレーンゲームの景品には『SLAM DUNK』や『となりのトトロ』を連想させる人形もまぎれていた。

広州タワーの公式HPには紹介されていないのだが、筆者のような人間には構内1階にある広州名人蝋像館という中国最大

神戸ポートタワーに似たデザインだ。

筆者訪問時は非常に客が少なかった。

広州タワーの記念品も販売。

ユーフォーキャッチャーにトトロ風の鶏人形の姿が。

の蝋人形館は見逃せないスポットだ。

　入場料金120元（約2040円）を支払うと入口の椅子で眠る警備員が目撃されたが、観察してみるとかなりリアルな出来栄えの蝋人形だった。館内には110体の政治家、映画スター、著名人の蝋人形が設置され、お気に入りの人物とツーショットを撮影することも可能だ。館内の中国人の蝋人形は毛沢東、周恩来、鄧小平といった政治家や俳優のジャッキー・チェン、バスケットボール選手の姚明、河南省の嵩山少林寺の方丈で「袈裟を着たCEO」とも言われる釈永信といった著名人が見られた。辮髪のジェット・リーも現れたが、解説のボードには黄飛鴻と表記。黄飛鴻は広東省の武術家・医師で、彼を主人公にした映画はこれまで数多く制作され、同一題材で製作された映画の数としては現在世界最多でギネス記録となっている。

世界各国の有名人の蝋人形が集結！

　なかでもジェット・リーが黄飛鴻を演じた『ワンス・アポン・ア・タイム・イン・チャイナ』シリーズが一番人気の模様。中国人以外のアジア人はシンガポールの政治家のリー・クアンユーや『江南スタイル(カンナム)』のダンスのポーズをきめる韓国人歌手のPSY(サイ)の姿が見られた。中国人の西洋文化に対する憧れが反映されているのか、欧米の政治家やロイヤルファミリー、映画スター、ミュージシャンの蝋人形が多い。また世界一バストが大きい女性や背の高い男性といったギネスレコードの人物の蝋人形も展示されている。

　広州タワーと広州名人蝋像館の組み合わせはかつて東京タワーで営業していた蝋人形館を思い出してしまう。何かと世界一の記録にこだわる姿勢は最近の中国の観光地らしく、広州市の新たなランドマークとして夜のライトアップも非常に美しい。

毛沢東と記念撮影が可能！

黄飛鴻の絶技・無影脚は中華圏ではあまりにも有名。

アヘンとスマホ中毒者は寝ている点が共通している。

世界的ヒットになったPSYの「江南スタイル」

知的な表情のシンガポールの政治家リークアンユー。

少林寺で辣腕を振るう釈永信。

ギネス級びっくり人間の蝋人形に注目！

身長229cmの姚明はNBAの中でもかなり目立つ。

邪悪なバナナは明らかに変態案件！

有名な廃墟モール内遊園地の華麗なる復活劇

🏠 歓笑天地

- 読 かんしょうてんち
- 簡 欢笑天地
- 発 ファンシャオティエンディ
- A Amazing World
- 📍 广东省东莞市万江区万江路南 10 号
- 🚌 东莞市汽车总站から东莞市内バスで东へ1停留所の「华南摩尔」で下车。广州白云国际机场から「东莞万江」行きのバスに乗り「华南 mall」(东莞城市候机楼)で下车
- ↗ 約4万平方メートル
- ¥ 無料
- 🕐 夜も営業しているが正確な営業時間は不明
- 🔗 http://www.mall0769.com/

　広東省東莞市は広州や香港の中間に位置することから軽工業や電子部品の製造が非常に盛んだ。産業の発展に伴い出稼ぎ労働者が急増し、男性の相手をする売春女性も激増。夜の東莞市は「性都」と呼ばれるほど性風俗産業も発展し、一時期は同市のGDPの10％の500億元(約8500億円)まで達した規模まで急成長した。しかし近年は人件費の高騰から東南アジア各国に工場を移転する空洞化も発生し、当局による風俗産業の一斉摘発も重なって同市の経済には大打撃を受けている。

　歓笑天地は2005年にオープンした華南モールのD区で営業している屋外・屋内兼用の遊園地だ。同園は中国、イギリス、シンガポール、イタリア、オランダの企業が共同で建造した娯楽施設でアジア最長の屋内ジェットコースターや屋外には中国最高の60メートルを誇るフリーフォールといった

リニューアル工事が進んでいた。

20種類以上の国内外の最新遊具を揃えた国家4A級旅遊景区だ。

　しかし同モールは開業当初は世界最大のショッピングモールだったものの、2013年には廃墟モールとして話題になっていた。敷地面積約45万平方メートル、約1500店舗のテナントを誇っていたが、実際の店舗入居数は20以下だった時期もある。当然ながら約4万平方メートルの歓笑天地も開店休業状態だったそうだ。

　筆者は2014年の年末に広東省の広州白雲国際空港から華南モールへの直通バスで訪問。同モール内のシティーエアターミナル(東莞城市候機楼)は深圳宝安国際空港、香港国際空港からも直通バスが運行しているので、地元政府からも相当期待されているようだ。

　筆者訪問時は日曜日の夜だったが、利用者はそれほど多くはなかった。しかし全

広州白雲国際空港から華南モールまでのバスが走る。

テナントも入りつつある模様。

日曜日の夜だが、屋内遊園地の来園者数はいまいち。

釣魚島（尖閣諸島）で魚を釣るくまのプーさん。

ポパイの中国語は大力水手。

体的に改修工事中でテナントも入りつつあり、廃墟モールからの復活を感じられた。同モール内には歓笑天地の他に映画館の万達国際電影城、キッザニアのように児童に職業体験をさせる麦魯小城、KFCや真功夫といった国内外のファーストフード店といったテナントも確認された。歓笑天地の屋外エリアにはフリーフォールや2階建てのメリーゴーラウンドといった遊具もあり、スプラッシュ系の激流勇進は改修中だった。屋内エリアは高さ30メートルの天幕で覆われ、ジェットコースターは全長500メートル以上もあり、なかなか迫力がありそうだ。広東省は南方ということもあり、夏季には降雨量も多そうなので屋内遊園地の遊具の充実は賢い選択と言えるだろう。

　敷地内にはイギリスで放映された幼児向けテレビ番組の『テレタビーズ』のキャラや手抜き感覚著しいポパイの像を目撃。く

予想よりも多くのテナントが入りつつあった。

まのプーさんが魚を捕まえている看板の下には動感釣魚島（尖閣諸島）と表記されていて驚いた。アメリカ政府の「尖閣諸島は日米安全保障条約の適用内」との明言に対して中国政府は「釣魚島は中国固有の領土」と主張しているのだが、ディズニーキャラまで政治的問題に絡めないでほしい。

華南モールや歓笑天地は中国経済崩壊を象徴するような廃墟物件として日本でも報道されていたが、『週刊SPA!』の2017年2/14・2/21合併号では華南モールも賑わいを取り戻し、テナントも相次ぎ開店、周辺では新築マンションも次々と建設されていると紹介。どうやら景気がいいらしいと述べられている。日本では随分前から「中国経済崩壊論」といったテーマの書籍が販売されているが、華南モールの復活劇から、中国経済がこれまで崩壊しなかった理由を日本人も冷静に考えてほしい。

テレタビーズオブジェの完成度は高い。

金色の招き猫で集客UP！

さらば！ 航空母艦を再利用した軍事テーマパーク！

ミンスク・ワールド

読 みんすく・わーるど
商 明思克航母世界
発 ミンスークーハンムーシージエ
A Minsk world
📍 广东省深圳市盐田区沙头角海景二路1019号（すでに撤去）
🚇 罗湖汽车站のバス亭から205路のバスで約50分、盐田区政府站で下車。徒歩10分くらいの場所で営業していた
↔ 全長284メートル・全幅53メートル
¥ 入れない
🕐 営業していない
💻 特になし

迫力はあるがメンテナンス不足なのか錆が目立つ艦体。

入口にはシロクマがお出迎え。

あまりやる気を感じられなかったスタッフ。

軍事テーマパークだけあって、兵器玩具が充実していた。

　ミンスクとはソビエト海軍の航空母艦で1974年進水。ウラジオストクを拠点に対馬海峡などを航行していたので、冷戦期間中の日本では「ソ連脅威論」のひとつとして報道される。1989年機関事故が発生して行動不能となり、1991年頃退役。その後は1995年に韓国の大宇財閥に鉄スクラップ材料として売却。1997年に深圳市明思克航母実業有限公司に転売され広東省深圳市で係留、軍事テーマパークとして再利用される。

　2000年にミンスク・ワールドとして開業したが、運営していた親会社の倒産もあり、一時期閉鎖されるも2006年、中国中信集団公司によって営業を再開。国家4A級旅遊景区のテーマパークとして運営されていたが、2016年に再び閉鎖。日本語版のウィキペディアにはその後は行方不明と紹介されているが、現在は江蘇省南

将官の会議室。

通市の蘇通長江公路大橋そばで投錨。江蘇嘉利尔投資発展有限公司が空母テーマパークとして3度目の営業をする予定だ。

　本書ではミンスク・ワールドが深圳市で営業していた筆者訪問時の2014年12月の様子を紹介したい。深圳市は経済特区として非常に発展しており、市内には何本も地下鉄が走っているが、ミンスク・ワールドは郊外にあったので現地までタクシーかバスしか移動手段はなかった。深圳駅や羅湖商業城の近くのバスターミナルから205路のバスで約50分かかる距離だ。

　ミンスクはキエフ級航空母艦の2番艦で左舷側が空母、右舷側が巡洋艦といった独特な構造だ。艦内を巡ると対潜水艦、対艦、対空用の魚雷やミサイル、機関砲が装備され、撮影可能だ。ソビエト海軍は多目的の運用を想定していたことが理解できる。搭載された艦上攻撃機のYak-38が

多目的空母のミンスクには魚雷も配備。

世界の空母模型のディスプレイも手抜きだ。

艦長室は他の士官の部屋よりも豪華。

士官の部屋は2段ベッド。

垂直離着陸機（VTOL機）ということもあり、ミンスクの甲板はアメリカ海軍の空母の甲板と比較して約40％の空間しか使用していない。

艦内資料によるとミンスク艦内には百貨店、映画館、写真館、病院、ジムといった施設も備え、海上を移動する小さな街と表現しても誇張ではない。1700名以上の士官が共同生活をし、コックだけでも100名以上が勤務。艦内では毎日2000個以上の卵、1000kg以上の小麦粉、300kg以上の牛肉を消費し、艦内の日常生活の維持には毎日15万元（約255万円）が必要とされる。

航空母艦の艦長の責任の重大さは言うまでもなく、艦長室は他の士官の部屋と比べて豪華でバスタブも完備。世界の航空母艦の模型も展示されているが、メンテナンスに問題あり。

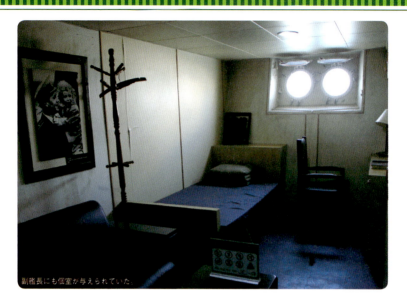
副艦長にも個室が与えられていた。

しかし筆者が愕然としたのは艦橋部分のフライトコントロールルームや情報管制室に並んでいる計器やコンピューターの破損状況だ。入場料金130元（約2210円）の軍事テーマパークとは信じられないくらいひどく、ある意味、中国らしい。

甲板に設置されたヘリコプターのMi-24ハインドは近くで観察すると車輪のパンクが確認され、とても展示品とは思えない。艦内の格納スペースは航空母艦だけあって、かなり広く感じられ、射的ゲームやチープなお土産店、MiG-23BN戦闘爆撃機も展示されている。

不満も述べたが本物の空母はなかなか見学できないので、貴重な観光施設と言える。これまで数奇な運命に翻弄された珍しい航空母艦だが、流浪の運命に終止符を打ち、江蘇省南通市の市民から愛される軍事テーマパークとして再出発してほしい。

医務室も完備。

娯楽室ではチェスやトランプが行われていたようだ。

これが格納庫と艦載機のエレベーターだ！

これが艦橋内部だ！

艦橋の計器類はボロボロ。

標的が日本軍の射的ゲームの景品は香港旅行。

多数の砲弾も積載していた。

ミンスクの甲板は予想よりも広くない。

セーラー服を着用した女性は軍人ではないはず。

艦首より撮影。

旧ソ連の兵器マニアが歓喜しような軍用ヘリ。

対潜ロケット砲のRBU-6000 スメルチ-2

政府要人も注目！
経済特区を代表するテーマパーク！！

🏛 深圳世界之窓

- 読 しんせんせかいのまど
- 簡 深圳世界之窗
- 発 シェンヂェンシージェヂーチュアン
- A Window of the World
- 📍 广东省深圳市南山区华侨城
- 🚇 深圳地下鉄1号線、2号線の「世界之窓」下車
- ↗ 48万平方メートル
- ¥ 200元（約3400円）19：30以降は80元（約1360円）
- 🕐 平日：09：00～22：00
  09：00～22：30
- 🌐 http://www.szwwco.com

　深圳世界之窓は1994年に開園した国家5A級旅遊景区のテーマパークだ。同園は香港中旅集団、華僑城集団が共同投資して建設され、経済特区として著しく発展を遂げる深圳市を代表するテーマパークとして知られている。国家首脳陣や外国の政府要人も400名以上訪れ、前国家主席の胡錦濤や元国家主席の江沢民も訪問し、同園を絶賛している。

　アクセスも非常に便利で、深圳地下鉄1号線、2号線が交わる世界之窓駅の目の前という好立地だ。同駅の出口の1つはルーヴル・ピラミッドを再現しており、江沢民が揮毫した「世界之窓」が大書されている。ゲート前はド派手なネオンがギラギラ輝き、ライトアップされた入口の階段付近にはダビデ像やミロのヴィーナスといった有名な彫像が並んでいる。

　園内は世界広場、亜洲区（アジア）、大

ガラスのピラミッドには江沢民の題字。

洋洲区(主にオセアニア)、欧州区(ヨーロッパ)、非洲区(アフリカ)、美洲区(南北アメリカ)、世界彫像園、国際街の8つのエリアに分けられている。

　園内各所で踊りやパフォーマンスが上演され、筆者が2014年末に訪問した際にはステージでカウントダウンイベントの下準備をしていた。園内に世界の有名建築や奇観を再現したミニチュアを展示するコンセプトは北部編の北京世界公園と同じだが、ミニチュアのクオリティやメンテナンス状況は明らかに同園の方が優れている。

　日本の建築物は桂離宮、厳島神社の鳥居、姫路城の天守閣が再現され、全面真っ白に冠雪した富士山は内部がサラウンドデジタルシアターとなっているのが斬新だ。桂離宮の前の壁に巨大なおかめの面が飾られているのは奇妙だが、亜洲区では日本の建築物が一番多く、中国人の日本文化に対

ラスベガスのカジノのようなド派手なネオン。

周辺は一大レジャースポットになっている。

中国でも屈指の完成度のエッフェル塔と凱旋門。

桂離宮前のおかめの面が巨大だ！

展示物に登ってはいけない！

する好奇心の現れなのだろう。大洋洲区の見どころはシドニーのハーバーブリッジとオペラハウスなのだが、建築物は少なくそれほど力を入れたエリアではない。

　中国人の憧れが反映されているのが欧州区で、100メートル以上の高さでエッフェル塔を再現され、別料金を払えば登ることも可能で、かなり気合が入っている。中国各地で凱旋門のレプリカは見られるのだが、筆者が見た限りでは同園の凱旋門は中国でもトップクラスの完成度だ。フランスのモン＝サン＝ミシェル、ドイツのケルン大聖堂、イタリアのサン・マルコ広場のような有名観光地のミニチュアも見逃せない。非洲区にあるエジプトのピラミッドとスフィンクスも立派だが、撮影する角度によってはエッフェル塔もフレームインするので、実際にはありえない光景になるのが良い。アトラクションのピラミッド探秘は

マンハッタンの奥にはナスカの地上絵のネオンが見える。

ミイラや犬頭のアヌビス神が登場するらしく、筆者の好みのお化け屋敷のようだが夜間は営業していない。

園内では美洲区が最も大きいエリアでアメリカのマウントラシュモアや国会議事堂などが見られる。ニューヨークのマンハッタン島のミニチュアも素晴らしいが9.11で倒壊した世界貿易センタービルが残されている。ペルーのナスカの地上絵は斜面にネオンで描かれており、遠くからでも判別できるユニークな表現をしている。

タイのワット・プラ・ケオも精巧な作り込みだ。

同園は国家の威信をかけたのか後述の長沙世界之窓と比較するとまともなテーマパークと評価したい。夜間はライトアップされてキレイな写真も撮影できるが、広大な敷地にも関わらず時間の都合で駆け足でしか見学できなかったのが残念だったので、深圳に再訪する機会があれば昼間にじっくり園内を観察したい。

迫力のあるスフィンクスとピラミッド。

中国全土を観光した気分になれるテーマパーク

🏛 錦繡中華民俗村

- 読 きんしゅうちゅうかみんぞくむら
- 简 锦绣中华民俗村
- 発 ジンシゥチョンファミンスーツン
- A Splendid China Folk Culture Village
- 📍 广东省深圳市南山区深南大道 9003 号
- 🚇 深圳地下鉄 1 号線「华侨城」下車
- ↗ 約 50 万平方メートル
- ¥ 200 元（約 3400 円）
- 🕐 平日：10：00 ～ 22：00 祝日：09：30 ～ 22：00
- 🖥 http://www.jxzhmsc.com/

漢民族の結婚式を表現したオブジェ。

トンパ文字は少数民族のナシ族に伝わる象形文字だ。

けっこう完成度の高いチベット寺院。

　深圳市は1980年に鄧小平によって経済特区として指定されてから急速に発展し、現在は「中国のシリコンバレー」とも呼ばれている。国策で起業支援も行われている深圳はチャレンジスピリットが溢れる都市で、民生用ドローンで世界最大のシェアを誇る企業のDJIの本社も設置されている。

　錦繡中華民俗村は中国のテーマパークとしては最も早くオープンしたチャレンジャーともいうべき存在だ。もともとは1989年と1991年に開園した錦繡中華と中国民俗文化村という隣接していたテーマパークだったが、2003年に合併して現在に至る国家5A級旅遊景区の観光施設だ。同園は香港中旅集団、華僑城集団が共同出資した深圳錦繡中華発展有限公司が管理・運営を行っている。立地は深圳地下鉄1号線の華僑城駅D出口の目の前にあり、

ウイグル族の住居を再現。

アクセスも申し分ない。
　テーマパークのコンセプトは栃木県の東武スクエアワールドと愛知県のリトルワールドの中華バージョンで、中国各地の有名建築物や遺跡のミニチュア、少数民族の住居を再現し、独自の文化を紹介するエリアに分けられている。
　錦繍中華微縮景区に並ぶミニチュアの大部分は実物の15分の1の比率で造られており、北京市の故宮、万里の長城、江蘇省の寒山寺、四川省の楽山大仏、安徽省の黄山、チベット自治区のポタラ宮といった82ヶ所のスポットが見られる。
　甘粛省の敦煌にある莫高窟の石窟の1つは実物大で内部を再現。小さいながらも完成度の高い5万体以上の陶器製の人形が配置されているのも注目したい。中国の観光施設に展示されているミニチュアにはメンテナンス不足や破損が多く見られる

性器丸出しのオブジェ。

夜間のライトアップも美しいイスラム教徒のモスク。

雲南省の石林の奇観も再現されている。

北京の故宮博物院。

カラフルな衣装を着た少数民族。

長城の西の果てにある嘉峪関のレプリカ。

超一流の観光地なので、清掃も行き届いている。

が、筆者が園内のミニチュアを見た限りでは、割とメンテナンスが行われている模様。

　錦繡中華は民俗村よりも早く18時に閉園するので、午後から入園する場合は先に見学するのが無難だろう。中国は大多数の漢民族の他に55の少数民族で構成される多民族国家で、同園の民俗村エリアには25の民族の家や建築物、チベット仏教の寺院やモスクといった宗教施設も再現されている。民族によって住居や習慣が大きく異なり、独自の象形文字も紹介されていて非常に興味深く感じる。

　園内案内図にも民俗村各所で行われる各少数民族のイベントの時間も表記されているが、筆者おすすめのショーは毎晩19時から開催される「龍鳳舞中華」で、500人以上の出演者と動物がステージに登場し舞踊や雑技、手品も繰り広げられる。出演者の多くはウイグル族、ペー族、チベット

チベット自治区のポタラ宮。

族といった少数民族で構成され、大がかりな舞台装置と多様な民族的要素を盛り込んだスペクタクルショーとなっていて必見だ！　出演者のギャラだけでなく、馬や牛、羊の飼育代だけでも莫大な費用が必要な点は言うまでもない。

　錦繍中華民俗村は広大な中国全土を観光した気分に浸れるので、半日くらいかけてじっくり園内を巡りたい。同園には観覧車やジェットコースターといった一般的な遊具は設置されていないが、近くに前述の「深圳世界之窓」や本書中部編で紹介した華僑城集団が運営するチェーンのテーマパークの「深圳歓楽谷」もある。各テーマパークはそれぞれモノレールの「歓楽幹線」によって結ばれており、深圳市における一大レジャースポットになっている。深圳観光の際は是非、訪問していただきたい。

ライトアップされる莫高窟。

莫高窟の内部。

一大スペクタクルショーの開幕っ！

さすがにこの象は本物ではない(笑)

セクシー美女のシルエットダンス。

ステージでは馬も駆ける！

軟体＋バランスの絶技！

人口世界一の中国らしい人海戦術。素直に絶賛!

これだけのショーを入園料だけで鑑賞できるのでお得だ。

孫文ゆかりの公園の小規模パクリ遊園地レポート

🏛 韶関中山公園

- 読 しょうかんちゅうざんこうえん
- 簡 韶关中山公园
- 発 シャオグァンチョンシャンゴンユェン
- A Shaoguan Zhongshan Park
- 📍 广东省韶关市武江区园前路1号
- 🚌 韶关东站のバス亭から7路のバスで「中山公园站」下車。韶关东站から1kmもないので徒歩でも可。
- ↔ 約12万平方メートル
- ¥ 無料
- 🕐 正確な時間は不明だが、筆者は08:00と23:00に入園。
- 🎡 特になし

広東省北部の韶関市は江西省や湖南省と接している。古来より広東の北門と称される交通の要衝で郊外には高速鉄道駅も開設されている。韶関中山公園は孫文（孫中山）が1922年5月と1924年9月に誓師大会を挙行した会場で、韶関市には孫文が組織した広東政府の大本営も設置されている。同園の前身は韶関飛機（飛行機）製造場で抗日戦争時には防空軍備の生産が行われ、1958年に韶関中山公園として開園。園内の中山紀念館には孫文が韶関での活動期間中の貴重な記録が展示されている。

入口には孫文の有名なスローガンの「天下為公」が大書され、園内には孫文の銅像が設置。早朝ともなると園内には太極拳、太極剣、バトミントンを楽しむ市民の姿が見られ、市民に愛されてそれなりに由緒ある公園と判断した。園内の児童遊楽場と少年児童活動中心は小規模な遊園地だが、や

丸を3つ重ねると有名なネズミを連想してしまう。

はりディズニーキャラの山塞が人気で、小さなメリーゴーラウンドにはディズニープリンセスのイラストがびっしり描かれている。ディズニー公認の遊具と勘違いしそうだが、『熊出没』の熊兄弟がデザインされた回転遊具にも作品の世界観を無視して同様のイラストがプリントされているので中国の遊具メーカーはディズニーキャラをフリーの画像素材と思っているようだ。中国の遊園地では消防車が火災現場に放水するコンセプトの遊具が流行っているが、同園の放水型遊具の放水ターゲットは睡眠中の白雪姫の小人となっていてシュールな光景だ。本書北部編でも紹介した武漢中新遊楽設備の遊具に描かれたネズミキャラには脱力必至で、筆者のようなマニアには非常に喜ばしい。韶関市郊外には世界自然遺産の丹霞山もあるので、訪問の際には同園にも立ち寄ってほしい。

孫文の天下為公と表記されている。

睡眠中の小人に放水する遊具。

武漢中新遊楽設備有限公司の看板のネズミに脱力必至。

スーパーチキンと命名！

ネズミ女子に一言。手足から判断すると痩せすぎだ。

飾りからするとあまり怖そうではないお化け屋敷。

早朝から濃い顔の兵士像と眼があってしまった。

孫文像の前で太極剣の錬功に励む地元住民。

親パンダの説教を無視する子パンダ。

中国遊園地でよく見かける2匹のアリの看板。

括目せよ！中国五千年の性文化と巨大性器！！

🏠 韶関丹霞山中華性文化博物館

- 読 しょうかんたんかさんちゅうかせいぶんかはくぶつかん
- 簡 韶关丹霞山中华性文化博物馆
- 発 シャオグァンダンシァシャンチョンホワシンウェンホワブォウーグァン
- A Shaoguan Danxia Mountain Sex Culture Museum
- 📍 广东省韶关市仁化县丹霞金霞小区霞兴南路18号
- 🚆 韶关东站前のバスターミナルから「仁化・丹霞山」行きのバスに乗り所要約1時間。高速鉄道駅の韶关站からもバスは出ている。
- ↗ 館内面積は約2千平方メートル
- ¥ 35元（約595円）（未成年は入館不可）丹霞山景区の入山料は150元（約2550円）
- 🕐 08:30～17:30
- 🚇 特になし

広東省韶関市の近郊にある丹霞山は2004年に最初に世界ジオパークのひとつとして認定される。赤みを帯びた砂岩が形成する奇観が特徴で、世界遺産や国家5A級旅遊景区とされるのも納得できる観光地となっている。

なかでも男根のような形状をした石柱（高さ28メートル、直径7メートル）の陽元石や女陰に似ている陰元石のインパクトはすごく、一見の価値はある！　韶関丹霞山中華性文化博物館は丹霞山景区の入口から約500メートルの地点にあり、巨根を抱えた女性の石像が博物館前に鎮座している。

同館は東莞虎門経貿学校、華之旅有限公司を運営する林華龍氏が同博物館の建設に1500万元（約25.5億円）を投資して2004年に開館。本書中部編で紹介した江蘇省の中華性文化博物館の協力を得てお

天に向かって屹立する陽元石（男根）。

巨大な女陰に見える陰元石。

り、中国の数千年に渡る古代の性文化にまつわる彫像、図画、書籍など2000点以上が展示される。

　館内には原始社会の性、古代の性教育、古代文化と性崇拝といった展示内容が紹介されている。男神女神が結合したチベット仏教の歓喜仏、男女の性交を表現した人形や絵画の中には貴重な文化財を破壊した文化大革命の期間中に地面に埋めて隠された文物も含まれている。

　海外の性文化についても述べられており、オランダのアムステルダムにあるペニスの彫像や、愛知県の田県神社で毎年開催される巨大な男性器を神輿にかつぐ豊年祭も紹介されている。館内のお土産コーナーで男根型のボトルに入った酒や日本では入手が難しそうな中国の春画トランプが販売されているのも見逃せない。

男女の性交を表現した人形。

男根型ボトルに入った酒を販売。

ほぼ廃墟遊園地で走り回る鶏と従業員の手作りソーセージ！

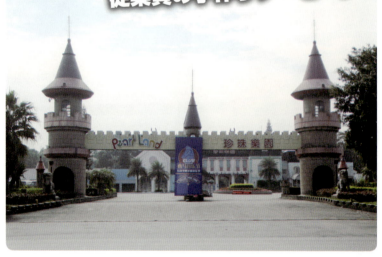

🏠 珍珠楽園

- 読 ちんじゅらくえん
- 簡 珍珠乐园
- 発 ヂェンジューローユェン
- A Pearl Land
- 📍 广东省珠海市香洲区唐家湾
- 🚉 城轨珠海站のバス亭から10路のバスで約1時間。城轨唐家湾站のバス亭から10A、69路のバスで約15分。
- ↗ 総面積約410万平方メートル、パーク自体は116万平方メートル
- ¥ 入場料：60元（約1020円）
- 🕘 09:00～17:30
- 💻 http://www.zhpearlland.com/　現在は閲覧不可

珍珠楽園は1985年に日本ゴルフ振興株式会社が投資して開園した遊園地だ。同園は隣接する珠海国際ゴルフ場とセットで開発され、中国の首脳だった鄧小平も関わっている。1988年の時点では中国北部にはなかった当時としては最新式の遊具が揃っていて、珠海市民や旅行客が真っ先に遊びに行く珠海市の「十大景点」のひとつとして評価されていた。しかし珠海市だけでも1997年に円明新園、1999年に夢幻水城といったテーマパークが開園し、レジャー施設の競争が激しくなる。2003年にはSARS（重症急性呼吸器症候群）の影響で半年間、スタッフは半月出勤、半月休暇を余儀なくされ、同園の経営状態は悪化する。2004年に日本ゴルフ振興株式会社も倒産し、新設備への投資や遊具のメンテナンスが困難になり、集客力低下に拍車がかかり、2010年頃から老朽化し

人の気配がなく、入口を見て引き返した若者もいた。

た遊具の撤去が開始され、ジェットコースターや観覧車は解体される。

筆者が2016年にマカオから珠海に入境したゲートでは、前述の広州長隆歓楽世界の系列の珠海市にある横琴長隆海洋王国のCMが放映されていた。筆者は珍珠楽園までバスで向かう前に運転手から「同園へ遊びに行く人間は誰もいないぞ」と忠告される。城軌珠海站のバス亭から10路のバスで約1時間移動し、現地に到着。同園の入場ゲートを眺めると、植え込みは手入れされているが建物の老朽化がひどく、全体的に廃墟遊園地のような雰囲気で、訪問した4人組の若者も入園を諦めて引き返していた。

筆者は幸運にもスタッフと遭遇し、ビニールの天幕が破れているチケット売り場で入場券を購入。スタッフからほとんどの遊具が稼働していないと説明されるが、

破れた天幕が放置されているチケット売り場。

チケット売り場にスタッフがいて驚いた。

まともな遊園地だと期待して親子で入ると絶望する。

ゴーカートのコースでたき火。

明らかに従業員の洗濯もの。

60元（約1020円）払わされたことにも驚く。

　園内を1周するメインストリートはしっかり清掃はされているが、平日の午後でも来園者は筆者以外に見当たらず、ほとんどの遊具施設が運行停止、廃墟化している。ネット情報で検索すると2009年の時点ではまともな遊園地という印象だが、路上でおそらく従業員の洗濯物が干されていた光景には違和感を覚えた。

　園内にはところどころに日本語の表記が散見され、遊具の機関車の弁慶号が展示されていて日本との関わりを想起させる。ドラえもんのコンクリート像が残されていたが、『中国B級スポットおもしろ大全』という書籍で紹介されていた人相の悪いのび太像やウルトラ兄弟の姿は見られなかった。

　珍珠楽園はふれあい農園といった施設ではないのだが、園内各所で多品種の野菜を栽

清掃は行き届いているように見える。

培する畑が目撃され、食料用と推察される多くの鶏が駆け回り、中華ソーセージがぶら下がっていた。筆者はこれまで多くの中国遊園地を訪問してきたが、これほど従業員の自給自足の現場に遭遇することはなかった。

　運行していない西部列車というアトラクションの沿線にはインディアンや西部劇に登場しそうなカウボーイの像があり、東京ディズニーランドのジャングルクルーズとコンセプトが似ている。かつてゴーカートが走っていたサーキット場にはたき火の炎がくすぶっていて、遊園地としての経営に必要なプロ意識が感じられなかった。スイミングプールも併設されているが、ひび割れたタイルが放置され、長期間に渡って閉鎖されていたようだ。

　お化け屋敷の妖怪屋は入口のみ効果音が流れていたが、館内の電源が落ちているのか内部の妖怪と必要最低限の照明は作動せ

西部劇の強盗のようなシーン。

悪人面に見えるカウボーイの集団。

遊具の破片がちらばる敷地を駆け回る多数の鶏！

周辺にドラえもんの仲間がいないので、さびしそうだ。

機関車の弁慶号。

ず、手持ちのライトがなければ暗すぎて歩くことすら危険だ。出口に錆びついた折り畳み自転車が放置されているのも納得できない。

　チケット売り場の注意書きには9種類の遊具が運行していると説明されていたが、唯一稼働していたアトラクションの小世界は世界一周がコンセプトだが、内部で展示されている建造物は学校の文化祭レベルで、一部倒壊している。稼働しているはずのゲームセンターに入ろうとすると鍵がかかっており、中にいた犬にギャンギャンほえられる。園内中心部にある珍珠劇場はかつてアシカショーでも開催していたと推察される構造だったが、観客席には雑草が生い茂り、廃墟化しているステージには立入禁止の看板もなく、かえって不気味な雰囲気を醸し出している。入口付近にいた従業員に質問してみると、数年前から遊具の

三蔵法師のご一行様は全員揃っている。

撤去や運行が停止され、今後も期待できないが別の施設（ゴルフ場のことだろうか？）の収益で同園はなんとか維持されていると述べていた。

　珍珠楽園は現段階では珍スポットや廃墟マニアなら狂喜しそうだが、まともな遊園地と名乗ってはいけないほど落ちぶれている。ずいぶん失礼な評価になるのだが、路線バスの運転手の忠告は事実で、健全な娯楽を目的として訪問することをお勧めできない。経済発展著しい広東省だけでも多くのテーマパークが開園し、かなりの集客率を誇るケースもあるが、珍珠楽園と同時期に開園した広州市の東方楽園や中山市の長江楽園といった大型テーマパークはすでに閉鎖されている。日本でもバブル期に開園した様々なテーマパークの多くが閉園していることもあり、レジャー産業の経営の難しさを思い知らされる。

まるでピエロのような表情のトーマスもどき。

2度と稼働することのないネズミ型ボート。

日本風味のうどん面と書かれているが、営業していない。

列車は運行していないので、線路を歩くことが可能。

線路沿いにインディアン騎馬軍団現る!

橋の上で停止している列車。

線路沿いで授乳する母親の像。

年代を感じるシェフのイラスト。

米を干してどのような調理をするのか説明してほしい。

遊園地の従業員＝農民なのか？

畑の作付けの確認に余念のない従業員。

ごみ箱やイスを使ってぶら下がる自家製ソーセージ！！

どんなショーが開催されたのか想像できない廃墟ステージ。

関わった多くの人間の夢の跡。

ステージ脇はゴミ置き場と化す。

朽ち果てようとしているグッズを販売。

もはや誰も泳ぐことのないプール。

あまり怖そうな雰囲気ではない妖怪屋の入口。

いろんな意味で中国のどのお化け屋敷よりも恐怖を感じる。

お化け屋敷探索にはライトが必須。

唯一稼働していたアトラクションの「小世界」。

スフィンクスの眼が光る！

震災後のように倒壊した建物。

かつてはアシカショーでも開催していたのだろうか?

珍珠劇場のステージから雑草だらけの観客席を撮影。

鍵がかかったゲームコーナーの中の犬に吠えられる。

『北斗の拳』のような壁のイラスト。

入園者にかつてない廃墟体験をさせる珍珠劇場への入口。

入口の屋根が腐っている。

事前情報ではまともな遊園地だったので、筆者もびっくり！

円谷プロも全貌を把握しきれないのか？
パクリの国からやってきた偽ウルトラマン大集合!!

　2017年10月に中国版ウルトラマンの『ドラゴンフォース帰ってきたウルトラマン』（原題：『鋼鐵飛龍之再見奥特曼』）が公開されたが、記者会見に登場したボディペイントされたウルトラマンはあごがしゃくれ、乳首が立ち、裸足という非常に情けない状態だった。ウルトラマンの版権元の円谷プロダクション（以下円谷プロ）は「法的措置を含む断固とした措置をとる」と発表したが、筆者の観点ではこの程度は「氷山の一角」といったところだ。なぜなら、中国遊園地だけでも数多くの偽ウルトラマンが目撃されるからだ。中国全土のウルトラマンのパクリの全貌は円谷プロもおそらく把握しきれないのだろう。中国人のウルトラマンへの愛情から生まれた偽ウルトラマンをご覧いただきたい。

カラータイマーに注目！ ウルトラマンのカラータイマーは1つのはずだが、3つ装着されている偽ウルトラマンを発見。レーザー銃の標的とレーザー銃の標的と推測される。
撮影場所：安徽省合肥市の逍遥津公園

合体技なのか？ 2人のウルトラ戦士の合体技のように見えるので、「ウルトラバブル」と命名。風向きによっては自爆技になりそうだ。
撮影場所：陝西省西安市の革命公園

巨大化 長沙市で見たエアー人形の偽ウルトラマンはかなり巨大。筆者訪問時は「赤鼻祭り」が開催中で、赤鼻がトッピングされていた。
撮影場所：湖南省長沙市の長沙世界之窓

廃遊具のヒーロー 広大な公園に併設された遊園地に廃棄された遊具のコーヒーカップがある。その中でポージングするヒーローの心境やいかに？
撮影場所：湖南省長沙市の湖南烈士公園

パクリのハイブリッド！ 顔はウルトラマンＡ（エース）とタロウのハイブリッドと推測。しかし右手は謎のハサミになっており、混迷を極める。
撮影場所：黒竜江省ハルビン市のハルビン文化公園

池の中のタロウ ウルトラマンタロウが環境保護を訴えているのか、ゴミ拾いをしているようだ。残念ながら、2017年に再訪したところ撤去されていた。
撮影場所：江西省南昌市の南昌之星遊楽園

辺境の偽タロウ チベット自治区ラサ市はある意味、隔絶された地とも言えるのだが、遊園地にはこのような遊具も存在する。予想通りの展開だ。
撮影場所：チベット自治区ラサ市の金星遊楽園

独自のカラーリング 全体的に違和感を覚える色使いだが、口元に注目してほしい。周辺のお母さんが口紅を塗ったかの如く、色っぽい唇をしている。
撮影場所：新疆ウイグル自治区ウルムチ市のウルムチ児童公園

兄弟の絆を感じる ウルトラ兄弟が互いの背中を守りあうかのようにスペシウム光線を放つ。いろんな意味でファンの心を鷲掴みにするシーンだ。
撮影場所：新疆ウイグル自治区ウルムチ市のウルムチ児童公園

満身創痍!! 小規模な遊園地で輪投げの輪をひっかける器具にされていたタロウ。これまでの激闘を物語るかのように、全身傷だらけだ。
撮影場所：チベット自治区ラサ市の金星遊楽園

悪いものでも食べたのか？ まったく別のヒーローのような色に染まっており、中国取材中に腹痛で苦しむ筆者のように顔が蒼いのでとても心配だ。
撮影場所：寧夏回族自治区銀川市の西夏公園

多国籍かよっ？！ 東北地方の遊具「水陸戦車」にはウルトラマンと数か国の国旗がトッピング。正直、遊具のコンセプトがわからない…。
撮影場所：黒竜江省ハルビン市のハルビン児童公園

ウルトラマンレオのカラータイマーが抜かれており、戦う前から大ピンチだっ！！

中国屈指の珍遊具！ ウルトラマンのカラータイマーが股間についており、文字通り珍遊具の「ウルトラマン大戦」。そこをターゲットにしていいのか？
撮影場所：寧夏回族自治区銀川市の銀川中山公園

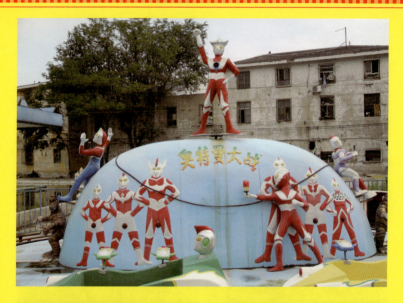

ウルトラマン大戦の周辺の老朽化した住宅が哀愁を漂わせている。遊具トップのウルトラマンレオは表側にも裏側にも顔がついているダブルフェイスだ。ダブルフェイスだ。この遊具に対する円谷プロの感想を知りたいところだ。

第2章
華南地方2

🏠 香港ディズニーランド

- 読 ホンコンでぃずにーらんど
- 繁 香港迪士尼樂園
- 発 ヒョゥンゴンディックシーネイロッユン
- A Hong Kong Disneyland
- 📍 香港大嶼山香港迪士尼樂園
- 🚇 MTR 迪士尼線の迪士尼站のA出口すぐ近く
  香港国際空港からタクシーで約 15 分
- 📐 総面積約 126 万平方メートル、パーク自体は 27 万 4 千平方メートル
- ¥ 589 香港ドル（約 8240 円）
- 🕐 10：00 〜 20：00（季節やイベントにより異なる）
- 💻 https://www.hongkongdisneyland.com/zh-hk/

大拡張して赤字解消を狙う
世界で最も狭いディズニーリゾート

本物のディズニーキャラがお出迎え。

様々な民族が訪問。

チケット売り場前の行列をキャストが的確に対応。

　香港ディズニーランドは2005年に開園し、アジアでは東京に次ぐ2か所目の進出になる。アクセスも便利で香港国際空港、九龍駅、香港島の中環といった香港の主要地域からMTR東涌線の欣澳站で迪士尼線に乗り換え、迪士尼站（ディズニー駅）で下車。香港国際空港からタクシーで約15分ということもあり、香港に到着してからそのまま同園に向かうことも可能だ。香港ディズニーランドは中国本土の中国人観光客も主要ターゲットにしていることもあり、園内アナウンスは広東語、英語、中国語で放送され、園内のキャストは英語もしくは中国語でも対応してくれる。公式サイトには日本語版もあり、園内には日本語ガイドマップも用意されている。香港ディズニーランドは人気歌手で俳優の張 学 友（ジャッキー・チュン）が2004年から2010年までアンバサダー（親善大使）を勤めていた。

本物のミッキー＆ミニーマウスと記念撮影。

着ぐるみとゲストの写真撮影に勤しむキャスト。

万人受けしそうな無難な味付け。

香港＆アメリカンスタイルのセットメニュー。

しかし同園は開園以来、赤字が連続し、集客には非常に苦戦を強いられる。本土観光客の増加によって2012年にようやく黒字を達成したものの、2015年と2016年は再び赤字に転落。顧客獲得のライバルともなる上海ディズニーランドも2016年の開園当初は集客に苦戦していたものの、その後は予想以上に客足が増加し、ウォルト・ディズニー・パークス＆リゾーツのボブ・チャペック会長は開園1周年の記者会見で「予想よりはるかに早く1100万人の来場者を迎えることができた」と述べている。

香港ディズニーランドの問題は狭さとアトラクションの少なさで、打開策として2018年から2023年にかけて109億香港ドル（約1520億円）を投資して大拡張する計画で、現在の7つのテーマランドを9つに増設する方針だ。

フードコートの広東料理コーナー。

フードコートでは和食も提供する。

ここまでの集客力はディズニーブランドならでは。

パレードにはディズニープリンセスも登場。

妖精のティンカー・ベルも現れた。

　園内の「眠れる森の美女の城」はディズニーキャッスルとしては珍しく中に入れない構造で非常に小さく、解体して新たなキャッスルを2019年に完成させる予定。
　筆者は2016年12月に同園へ訪問したのだが、同時期に放映されていた『ローグ・ワン/スター・ウォーズ・ストーリー』の宣伝ポスターには香港のアクションスターの甄子丹や中国を代表する俳優の姜文も主要キャラクターとして登場していた。2018年の時点では中国の映画市場の規模は世界第2位で、今後もハリウッドの映画作品に中国の存在感が大きくなるだろう。
　中国本土のテーマパークは年末年始に来場者が少なく、とても心配になるケースもあるが、香港ディズニーランドの年末は繁忙期で、大勢のゲストで賑わっていた。ディズニーキャラクターとの記念撮影や触れ合いといったキャラクターグリーティングも

年末は大勢のゲストで賑わっていた。

大人気で、それなりの待ち時間を覚悟しなければならない。

　フライト・オブ・ファンタジー・パレードは飛行船に乗ったミッキーマウスが登場する昼パレードで、ディズニーファンならば一見の価値のあるクオリティだ。園内のキャストに筆者が中国語で話しかけてみると、フレンドリーに対応されたので好印象。

　気になるゲストのマナーだが、筆者訪問時はひどいと感じる場面は目撃しなかった。ただし、香港は亜熱帯気候に属しているので夏季は高温多湿で、上海ディズニーランドで見られたようなヘソ出しルックの男性ゲストが同園でも見られる可能性大。夏季には地域的に台風の影響も考慮しなければならないので、同園に訪問するならベストシーズンは10月から3月にかけてだろう。

ハニーポッドの下を舞うミツバチ。

全部本物だよっ！

上海ディズニーランドと比べるとかなり小さいキャッスル。

夕方のキャッスルのライトアップ。

夜間のキャッスルのライトアップ。

　人気アトラクションの「イッツ・ア・スモールワールド」にはピノキオや『トイ・ストーリー』のウッディ・プライドといった隠れディズニーキャラが登場し、香港の街並みも現れる。待ち時間15分くらいでボートに乗れたことからすると、同園のアトラクションの待ち時間は東京や上海のディズニーランドよりも基本的に短いと感じた。

　園内のレストランでは広東料理だけでなく、日本、韓国、インドネシアといったアジア料理も楽しめる。スターライナー・ダイナーのヒーローバーガーコンボは109香港ドル（約1520円）だが、香港の物価水準を考慮するとテーマパークの価格としては妥当だろう。園内で一番広いレストランの同店はファーストフードを提供するのだが、白米のついたセットも有名。

　近年、ディズニーはアニメ制作会社のピ

香港のイッツ・ア・スモールワールド。

クサー、漫画出版のマーベル・コミック、『スター・ウォーズ』シリーズを生み出したルーカス・フィルムを買収しているのでショップではキャラクターグッズも充実している。香港限定エリアのミスティック・ポイントやトイ・ストーリーランドで販売されているオリジナルグッズ、期間限定グッズもあるので購入希望者は事前に情報を収集しておきたい。

上海ディズニーランドの客足が予想以上に伸びていることからすると、中国の他の地域にも新たなディズニーランドを開園するのではと筆者は予想している。

中国各地でテーマパークの進出が激化しているが、世界で最も狭いディズニーリゾートの同園が大拡張により赤字経営から脱却ができるのか、今後の動向に注目したい。

待ち時間15分ぐらいでボートに乗れた。

ボートで世界一周を満喫。

魔術師マーリンの秘宝店。

冬でも放水銃で遊ぶお子様ゲスト。

グッズの品揃えも豊富でチョイスに悩む。

パレードに備え、座り込んで場所取りをするゲスト。

撮影専門のキャストも多い。

厨房のキャストはかなり激務。

キャストのおばちゃんも少しお疲れ気味?

筆者の荷物を預かってくれたキャスト。

周辺に周辺に高層ビルが見えない立地で世界観を演出。

美声を披露する4人組のキャスト。

園内のセットメニュー。

キャッスルの裏側。

女性向けの被り物が多い。

ディズニー建築のミニチュアと記念撮影。

クリスマス仕様のミッキー&ミニーマウス。

香港限定のトイ・ストーリーランド。

徹底的に作り込まれた世界観もディズニーならでは。

記念撮影スポット。

『スター・ウォーズ』のグッズショップ。

『スター・ウォーズ』のBB-8のスナックカート。

歩くのも困難なほど大混雑。

ディズニー駅に列車が到着。

列車の窓もネズミの形状。

つり革の取っ手もネズミの形状だ。

列車で日常に戻るゲストたち。

ディズニー駅の看板。

香港の新型観覧車とイベント会場の移動遊園地

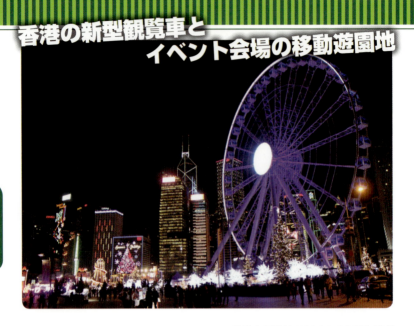

🏠 香港摩天輪

- 読 ほんこんまてんりん
- 繁 香港摩天輪
- 発 ヒョンゴンモーティンルン
- A The Hong Kong Observation Wheel
- 📍 中国香港島中環民光街 33 號
- 🚇 MTR 中環站の A 出口、香港站の A2 出口から中環碼頭へ徒歩 10 分以内
- ↗ 中環海浜活動空間は 3 万 6 千平方メートル
- ¥ 100 香港ドル（約 1400 円）
- 🕙 10:00 ～ 23:00
- 🌐 http://www.hkow.hk/zh/

　香港摩天輪は 2014 年 12 月に開業した高さ 60 メートルの大型観覧車で Swiss AEX 社が建設と運営を行っている。15 ～ 20 分で 1 周する 42 台のゴンドラ（内 1 台は VIP ゴンドラになっている）から「100 万ドルの夜景」とも言われるビクトリア・ハーバーを眺められる。2015 年の時点では 100 万人の利用者が訪れ、香港のセントラルエリアの新たな観光スポットとして 23 時まで営業している。

　アクセスは便利で香港地下鉄の香港駅、中環駅から中環碼頭（中環スターフェリー乗り場）に向かい徒歩 10 分以内で到着する場所にある。狭い土地柄の香港では大きなイベントスペースを設けることが難しいのだが、香港摩天輪のすぐ近くにある中環海浜活動空間ではコンサートや野外フェスティバルといった大型イベントが開催され

ゴージャスなネオンにワクワクさせられる。

香港ディズニーランドではない。

まともな遊具もあれば…。

機関車トーマスもどきが爆走っ！

　筆者が訪問した 2016 年末には入園無料の移動遊園地が夜間も開園し、来場者で賑わっていた。園内で販売されているディズニーキャラのぬいぐるみは版権的に問題がないと判断した。また、完成度の高い海賊オブジェもあり、中には『パイレーツ・オブ・カリビアン』のジャック・スパロウの姿も目撃された。しかし遊具にはウォルト・ディズニーのグーフィーとワーナー・ブラザースのバッグス・バニーがいっしょに描かれたイラストもあり、本来なら共演することはありえない組み合わせに驚いた。『ふしぎの国のアリス』や『ピーター・パン』『リトル・マーメイド』といったディズニー作品の手描き風イラストも遊具に見られ、香港ディズニーランドのお膝元とは言え、園内全体から版権を守る意識が希薄と感じられた。

香港ディズニーランド近くでこのイラストは大胆。

小学 5 年生くらいの画力で微笑ましい。

摩天楼直下に香港漫画のキャラクターが集結！

🏠 九龍公園

- 読 きゅうりゅうこうえん
- 繁 九龍公園
- 発 ガウルングンユン
- A Kowloon Park
- 📍 中国香港尖沙咀柯士甸道 22 號
- 🚇 MTR 尖沙咀（チムサアチョイ）駅の A1 出口すぐ近くが公園の入口
- ↗ 約 15 万平方メートル
- ¥ 無料
- 🕐 05：00～24：00
- 🌐 http://www.lcsd.gov.hk/en/parks/kp/
  http://www.comicavenue.hk/

　九龍公園とは香港特別行政区九龍サイドという都会の中にある大規模な緑地公園だ。もともとは駐香港イギリス軍のウィトフィールド軍営で、1967 年に駐香港イギリス軍が使用を停止してから 1970 年に公園となる。ビルに囲まれた一角に約 15 万平方メートルという広大な敷地を誇る。日本語版のウィキペディアでは同園は朝方には太極拳や剣舞、中国将棋を楽しむ人々の姿が見られる、中華圏ではごくありふれた公園であると表記されているが、同園を語る上では避けて通れないのが香港漫画（漫畫）星光大道（アベニュー・オブ・スターズ）だ。付近のビクトリア湾に面した尖沙咀の海岸沿いの星光大道には映画俳優や監督のネームプレートが道に埋め込まれており、ブルース・リーの銅像も飾られている人気スポットなのだが、香港漫画星光大道は文字通り香港漫画の 30 作品にちなんだキャラクターの立

像の大きさ＝人気。名作『風雲』から歩驚雲が登場！

体像が約100メートルに渡って展示されている。それぞれ作品名、キャラクターの紹介、一部には作者の手形もある。繁体字と英語で香港漫画の歴史の説明もされていて、日本ではあまり知られていないジャンルなだけに興味深い。

香港漫画星光大道は2012年に開幕し、初期の24作品は投票と選考委員会によって選ばれる。とりわけ人気のあった王小虎、歩驚雲、華英雄といった6作品のキャラクターは全高2.7メートル、その他の作品の像の全高は1.8メートルで作られる。立体像の製作費用は1体につき約7万香港ドル（約98万円）、すべて広東省東莞市で製作され、各作品の作者自身が監督を行っている。

香港漫画は中国の『連環画』や日本の漫画家の池上遼一などの作品に影響を受けて独自のバトル・ストーリーに特化した高い

『武道狂之詩』のタイトルは『野球狂の詩』に似ている？

実写映画化された『中華英雄』の主人公の華英雄。

黄玉郎の代表作『龍虎門』の王小虎。

金庸の武侠小説『射鵰英雄伝』の主人公・郭靖。

画風から判断するとほのぼの日常ギャグ漫画。

画力の漫画が作られていった。
　香港では黄玉郎や馬榮成といった漫画家が有名で、黄玉郎の『龍虎門』、馬榮成の『風雲』『中華英雄』はそれぞれ実写映画化もされている。実写版の『中華英雄』は主人公で功夫の達人の「華英雄」が敵役の「無敵」という名前の日本人の侍とニューヨークの自由の女神を破壊しながら戦うクライマックスは圧巻だ。ぶっとんだストーリーを考えて絵として表現する漫画家には敬意を表したい。
　香港では武侠小説が漫画化されることも一般的で、金庸原作・李志清作画の『射鵰英雄伝』の主人公の郭靖の像も展示されている。『深く美しき香港漫画の世界』によると郭靖像は弓矢をつがえているポーズだったが、近年、像が新調された模様。郭靖の構えからすると食いしん坊の達人の洪七公から伝授された降龍十八掌のようだ。

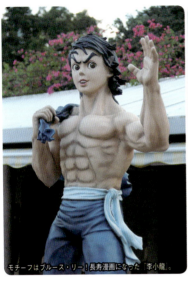
モチーフはブルース・リー！長寿漫画になった『李小龍』。

香港少女漫画『13点』のおしゃれな主人公。

　他方、ほのぼのした画風の作品の立像もあり、微笑ましい。香港漫画は中国本土でも一定の人気があるし、筆者も金庸原作・黄玉郎作画の『天龍八部』全巻を中国で購入しているのだが、なぜか中国の遊園地で香港漫画のパクリキャラを発見した記憶がない。香港漫画の画風が児童向けの遊園地にそぐわないと中国人が判断したからなのだろうか？　中国遊園地における香港漫画のパクリキャラ情報、求む！

コロコロコミックに登場しそうな画風。

　日本でもネットで香港漫画は購入できる。金庸の武侠小説の日本語版は地方の図書館でも閲覧可能だが、しっかり日本語に訳された香港漫画も日本で販売されてほしい。日本の漫画、アニメ、ゲームも香港で人気があるわけなので、逆に香港の漫画も日本で一定の需要があるかもしれない。日本の漫画やゲームにブルース・リーが与えた影響は少なくないのだから。

『神兵玄奇』の主人公・南宮問天。

階段にはデフォルメされた漫画キャラが並ぶ。

SF漫画『龍神』のフィギュアは日本でも需要があるかも？

仕事で疲れて一休みするイケメンキャラ。

香港漫画の著者の手形。スターレベルの扱いに納得。

日本よ！これが香港バトル漫画の超絶画力だ！！

繊細なタッチのイケメンキャラ。

体操を行う地元住民の中にはすごい達人がいる予感。

MTR 駅のすぐ近くでアクセス便利！

有名な香港漫画のキャラが大集合！

産業の転換を図る
カジノタウンの総合リゾート施設

🏠 マカオ・フィッシャーマンズ・ワーフ

- 読 まかお・ふぃっしゃーまんず・わーふ
- 繁 澳門漁人碼頭
- 発 オウムンユーヤンマータウ
- A Macau Fisherman's Wharf
- 📍 澳門新口岸友誼大马路及孙逸仙大马路
- 🚉 港澳碼頭（マカオフェリーターミナル）から徒歩5分 セナド広場からタクシーで約8分
- 📐 約13万平方メートル
- ¥ 無料
- 🕐 24時間
- 💻 http://www.fishermanswharf.com.mo/en/default.aspx

かつてポルトガルの植民地だったマカオは1999年に中国へ返還された特別行政区だ。世界最大のカジノの街としても有名で中国の汚職官僚のマネーロンダリングも行われていた。しかし習近平政権の反腐敗政策や中国経済低迷の影響でカジノ関連収入はマイナス成長となり、大衆的な観光地への転換も図られている。

マカオ・フィッシャーマンズ・ワーフは2005年にプレオープン、翌年に正式開業したテーマパーク、ショッピング、カジノが一体となった総合リゾート施設だ。香港とマカオを結ぶ港澳碼頭（マカオフェリーターミナル）から徒歩5分なので気軽に香港から遊びに行くことも可能だ。

ポルトガルの建築物が多く残されているマカオらしく、敷地内にはリスボンの港町や古代ローマ劇場も再現され、全体的にヨーロッパ風な雰囲気で統一されている。

唐城の跡地に建設中のホテル。

2008年5月には北京オリンピックの聖火ランナーも同施設のローマ劇場へ訪れている。筆者が訪問した2016年12月の時点では敷地内各所で改修工事が進められ、観光客はまばらだった。

かつては唐の時代の街並みを再現した唐城やチベットのポタラ宮をイメージしたビル、高さ約40メートルの火山型建造物の中にはジェットコースターも存在していたのだが、筆者訪問時には跡形もなく撤去されており、レジェンドパレスホテルが建設中だった。現地タクシードライバーの話によると、「マカオ・フィッシャーマンズ・ワーフに漏水の問題が発生し、施設各所で改修工事が行われ、改修後は客足も回復するだろう」とのこと。唐城のような既存の施設を撤去してホテルを新しく建築するということは、甚大な漏水が発生していたのか？

円形劇場も違和感なく街にフィットしている。

テナントには有名スポーツ用品メーカーも入っていた。

改修工事中の円形劇場。

いい味を出している円形劇場。

和食や韓国料理を食べれるお店。

南国特有の明るい雰囲気だ。

カジノの中は撮影禁止だ。

マカオは石造りの建物が似合う街並みだ。

フラミンゴ・カジノの入口。

筆者訪問時は客足がまばら。

夜の方がネオンがギラギラしていて面白いかも？

フェリーターミナルから徒歩5分の好立地。

トランプ大統領もびっくり！
山塞アメリカ合衆国議会議事堂特集!!

　自由の女神像はお台場や日本各地のラブホテルに設置されているが、中国ではそこまで人気はないはずだ。中国で意外に多く見られるのはアメリカ合衆国議会議事堂で、観光施設にレプリカがあるのは理解できるが、特徴的な巨大ドームがお役所に付属されているのはどうなのか？　2017年にトランプ大統領夫妻訪中の際には習近平国家主席が世界遺産の故宮を貸し切って中国文化のアピールをしていたが、トランプ大統領も中国の山塞アメリカ合衆国議会議事堂の多さには驚くに違いない。筆者が中国遊園地取材中にこれだけ発見できたという事からしても、実際にはどれだけ存在するのか想像できない。本項では巨額の建設費を使ったと推測される物件から、微妙な再現度のドームも収録したので、比較してもらいたい。

納得できるレプリカ①　世界の有名建築を集めたテーマパークにアメリカ合衆国議会議事堂のレプリカがあるのは誰でも納得できるだろう。撮影場所：北京世界公園

納得できるレプリカ② 深圳のテーマパークにあるレプリカの後ろにはラシュモア山にある4名のアメリカ大統領の胸像も再現されている。撮影場所：深圳世界之窓

北の街にも需要はある エキゾチックなロシア建築が多く見られるハルビンの商業施設にもドームの需要はある。撮影場所：黒竜江省ハルビン市

教育機関にも設置 本書中部編で紹介した湖北省にある学校。高速鉄道で長沙市から武漢市へ移動すると車窓から一瞬だが眺めることも可能だ。撮影場所：武漢商貿職業学院

空港でも油断するな！ 大連の空港周辺の新しい住宅地の中にも再現。飛行機の窓からも撮影を敢行するが、被写体として距離が離れているのが残念。撮影場所：大連周水子国際空港

高速鉄道の車窓から① 深圳から福建省アモイ市に高速鉄道移動中に車窓から撮影。周辺は高層マンションが建設中だったので、現在も同じアングルで撮影できるのかは不明。撮影場所：広東省恵州市

高速鉄道の車窓から② 江西省の武昌西駅から九江駅へ高速鉄道で向かう直後に撮影。ドームの再現度はそれほど高くないが、建造物のスローガンからお役所だと判断した。撮影場所：武昌西駅付近

高速鉄道の車窓から③ 江西省の九江駅から武昌駅へ高速鉄道で移動中に撮影。正確な位置は記憶していない。写真を拡大するとお役所のエンブレムらしいものが確認できた。撮影場所：江西省

バスの車窓から② 江西省の九江市から廬山や星子方面へ向かうバスの車窓から撮影。この建物は江西省九江市中級人民法院（高等裁判所に相当）と表記されており、新古典主義のドームは最近の中国のお役所には欠かせない様式美として定着しているようだ（それでいいのか？）。撮影場所：江西省九江市

バスの車窓から① アモイ市から世界遺産の土楼へ向かうバスの車窓から撮影。民営のビルではないかと推測した。撮影場所：福建省アモイ市内

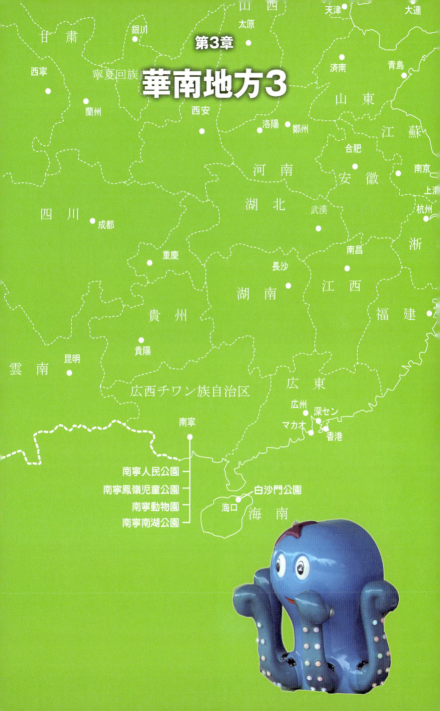

巨大な恐竜の化石の下を走る
アンパンマン型ライド

🏠 南寧人民公園

- 読 なんねいじんみんこうえん
- 簡 南宁人民公园
- 発 ナンニンレンミンゴンユェン
- A Nanning People's Park
- 📍 广西壮族自治区南宁市人民东路1号
- 🚌 「朝阳广场」から78路もしくは81路の路線バスで「人民公园」で下車
- ↗ 約53万平方メートル
- ¥ 無料
- 🕘 09:00～22:00
- 🖥 http://www.nnrmgy.com/

　南寧市は広西チワン族自治区の首府で、中国最大の少数民族のチワン族が市内人口の50％以上を占める。南寧人民公園は1951年に開園した国家4A級旅遊景区の公園だ。園内には高さ20メートルの革命烈士紀念碑は愛国主義教育基地とされ、鎮寧砲台、白龍湖、南寧海底世界（水族館）、自然博物館、児童楽園（ジェットコースターや観覧車のある遊園地）といった見どころがある。同園は2008年に無料開放され、年間800万人の利用者が訪れる。

　アクセスは市中心部の朝陽広場の近くなので非常に便利だ。園内には児童が興味を感じるような恐竜のオブジェが散見され、中でも筆者が驚いたのは鉄骨で支えられて屋外に展示されていた2体の巨大な恐竜の化石だ。周辺の園内のスタッフに質問してみると「化石はレプリカだよ」とのこと。

　化石の足元にはレールが設置され、6体

凶暴そうな恐竜が後ろから狙っているゾ！

とても立派な恐竜の化石のレプリカ。

化石の下のアンパンマン型遊具に困惑させられる。

のアンパンマンが連結された列車型ライドが稼働していたが、非常にシュールな光景だ。

　児童楽園内ではアメリカ産アニメが人気でスヌーピー、ワーナー・ブラザースのトゥイーティーやタズマニアンデビルの山塞キャラを目撃。ディズニーキャラについてはミッキーマウスやドナルドダックの形状をかろうじて留めた遊具も見られたが、白雪姫のオブジェが特にひどい。オブジェの色の塗り分けが適切に行われず、瞳が丸く描かれているのでかなりマヌケ面に見える。

　南寧海底世界の入口近くの看板には『西遊記』の孫悟空の着ぐるみとくまモンのツーショットの写真を発見。くまモンも中国で人気なのでパクリも多いのだが、熊本市と広西チワン族自治区の桂林市とは友好都市という間柄なので、くまモンが公務で訪中した写真なのかもしれない。

元ネタは『ウォークラフト』シリーズのオーク族と推測。

稚拙な顔のネズミがいい感じ！

搭乗するとアヒルに股間をガン見される遊具。

スヌーピー遊具は割とまともに見える。

児童の塗り絵テイストのタスマニアンデビル。

七人の小人が囲む白雪姫に違和感を覚える。

苔むして古代遺跡のような雰囲気の人魚姫。

くまモンと孫悟空の夢の共演！

人民公園の観覧車周辺を目指せ！

カウントダウンイベントに偽ピカチュウ大量発生チュウ！

🏠 南寧鳳嶺児童公園

- 読 なんねいほうれいじどうこうえん
- 簡 南宁凤岭儿童公园
- 発 ナンニンフォンリンアルトンゴンユェン
- A Nanning Fengling Children's Park
- 📍 广西壮族自治区南宁市青秀区云景路 25 号
- 🚇 南寧軌道交通 1 号線の「东盟商务区」で下車。A, もしくは D 号出口から白云路や云景路を目指して北上すれば徒歩 5~10 分で到着。
- ↗ 約 55 万平方メートル
- ¥ 無料
- 🕒 09:30 ～ 22:00
- 📝 特になし

　広西チワン族自治区の南寧市にある南寧鳳嶺児童公園は 2012 年 6 月に開園した国家 4A 級旅遊景区で、遊園地と巨大プールが併設された同自治区最大の総合性レジャー施設だ。公園建設の総投資額は 6 億元（約 102 億円）以上、園内には夢幻海湾広場、夢幻楽園、夢幻王国、夢幻花園、夢幻水世界（巨大プール）及び郷村体験園といった 6 つのメインエリアが設けられている。

　南寧市は広大な中国でもかなり南方に位置する都市なので、夏季ともなると巨大プールはそれなりの集客力が期待できるだろう。筆者訪問時の公共交通機関でのアクセスは路線バスしかなかったが、2016 年に南寧軌道交通 1 号線が開通し、同園の近くに東盟商務区駅が設置されているので便利になる。南寧市政府の広報によると、緑あふれる環境の中で児童の知的好奇

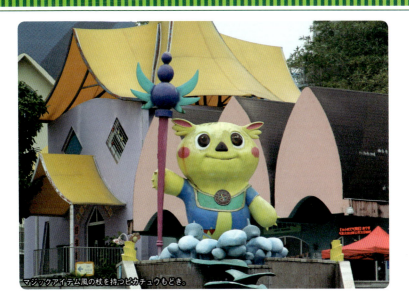

マジックアイテム風の杖を持つピカチュウもどき。

　心を刺激し、開拓精神を培い、人間と自然との共生の理念を教えるのに最適と説明されている。
　園内には児童職業体験館も併設されている影響からだろうか、屋外に固定式の小さなショベルカー数台が設置されているので、こちらも職業体験の一環かもしれない。中国の遊園地では稀にスタッフが敷地内に畑を作って野菜を栽培しているが、同園の郷村体験園では親子で農業体験が可能で、広大な敷地を畑として確保している。生態自然講座やケーキ作りといったイベントもあり、DIY部落という施設では親子でクラフトワークが体験できる。中国の遊園地ではあまり見られない「ふれあい農園」的なコンセプトは都市部の児童でも楽しめると評価したい。
　また、同園の幸福摩天輪は高度108メートルを誇り60台のゴンドラが設置

本物のピカチュウよりも賢いキャラ設定なのかも？

イラストもピカチュウっぽい。

口から中の人の顔が見えると、捕食されていると勘違い。

かなり新しい着ぐるみのはず。

着ぐるみは人目につかない場所で管理すべきだろう。

されている中国西南地区最大の観覧車で1周約20分を要する。晴天ならすばらしい景観が望めるだろう。筆者訪問時の12月31日は中国では平日扱いの為か並ばずに乗ることができたが、天気はあいにくの曇り。園内を探索すると、筆者から少し離れた位置で遊具に乗れないことに対して泣きわめく3歳くらいの女の子に「身長制限で乗れないのよ」と諭す母親のやりとりがはっきり聞こえるくらい、この日は集客率が悪かった。

気になるパクリキャラだが、回転ブランコにはポンチな絵柄の偽ミッキーマウスやハローキティもどきといった山寨の常連が登場。注意深く園内を観察すると、かなり緩い感じのUSJのジョーズ風オブジェも発見した。最新型の遊具らしい星際旅行は初見だが、遊具の真ん中にエヴァンゲリオン初号機のようなクリーチャーが鎮座し、

山塞着ぐるみと推測するが、そこそこクオリティが高い。

周辺にスティッチが配置されている。まったく異なるコンテンツのキャラが融合している遊具なのだが、本書北部編で掲載した北京朝陽公園や雲南省昆明市でも目撃しているので、今後も中国全土の遊園地に配備される可能性が高い。

園内には中国の遊園地なら当たり前のようにミッキーマウスの手描きペイントも見られ、ミッキー＆ミニーマウス、ドナルドダックに似ているゆるキャラのような石像ベンチが多数目撃されたが、耳が欠けているミッキーマウスもどきの石像には哀愁を感じた。同園は百度百科によると国際大型遊園地の設計理念を採用しているそうだが、悪びれもなくパクリキャラが散見される点は中国の他の遊園地と同様だ。

しかし筆者の想像を遥かに超えていたのは、『ポケットモンスター』のピカチュウのパクリだ。同園の入口付近にはマスコッ

イカれた表情で運転するネズミ。

エヴァンゲリオン初号機＋スティッチの謎コラボ遊具。

夢幻迷宮は来園者が少ないのか閉鎖されていた。

ウルトラマンA（エース）風のキャラの足元にも注目。

トキャラのような存在のピカチュウもどきの像が屹立している。右手にファンタジー系の杖を持っていることからすると、本物のピカチュウよりも賢い設定なのだろうか？　かわいらしい見た目に反して、とんでもない威力の魔法の呪文でも唱えそうだが名称は不明だ。

入口のゲートには MAGIC WORLD と表記されているが、同園の英語名は園内ガイドマップに書かれていたものを本書では採用している。南寧鳳嶺児童公園は規模のわりには公式 HP が検索しても確認できなかったので、公式 HP の開設と英語名の統一化、マスコットキャラの命名が望まれる。この日は南寧市の路線バス内のモニターで同園の年末カウントダウンイベントで多数のピカチュウの着ぐるみが踊っている CM が放映されていたが、これは横浜で開催された「ピカチュウ大量発生チュ

カウントダウンイベントの準備中。

あいにくの天気で遠くまで見えない。

西洋城塞風建造物は閉鎖されていた。

夏休みには特に人気がありそうな巨大プール。

ウ」というイベントのパクリと考えられる。

　10体以上の偽ピカチュウの着ぐるみが幸福摩天輪の近くに雑然と並べられていたのも問題だ。筆者はかつてスーツアクターのアルバイトをしていた経験があるので知っているのだが、日本のイベント会場なら、こういった着ぐるみは一般人には見えない場所で保管されるはずだからだ。本物の着ぐるみと画像を比較すると、同園の偽物は足が長く設計されていて、動きやすそうだ。しかし偽ピカチュウの口が開いているが、中の人の視界確保が目的でもアクターの顔が見える構造はずさんで笑える。中国の着ぐるみの設計は中の人への配慮がされているのだろう。

　この日はすでに手配した寝台列車の時間の都合でカウントダウンイベントに参加できず非常に残念だったが、毎年開催されてほしいところだ。

親子で農業体験も可能だ。

ショベルカー遊具の足場は泥沼のようだった。

ミッキーがダンクに挑戦!

昼間から酒を飲んでそうなメガネのカエル。

ベンチにもネズミがいる。

ネズミの耳は後付け。

ネズミのメスにはリボンもある。

小売店のシャッターも閉じていた。

山塞キャラベンチ多数あり！

稚拙な感じが味わいのある手描きイラスト。

スポンジ・ボブだよね？！

来園者が非常に少なく、とても寂しい。

雪が降らない南方でもサンタやトナカイがお出迎え。

地獄の門のような夢幻楽園の入口。

海洋生物がモチーフの建物も閉じていた。

ディズニー綿菓子&もぐらたたき。

排便しようとするエイリアン?!

かなり緩いサメがぶら下がる。

全国一流の動物園が漢方薬の熊胆粉を販売して問題化！

🏠 南寧動物園

- 読 なんねいどうぶつえん
- 簡 南宁动物园
- 発 ナンニンドンウーユェン
- A Nanning zoo
- 📍 广西壮族自治区南宁市西乡塘区大学西路3号
- 🚇 南寧地下鉄1号線「动物园」で下車
- 📐 39万平方メートル
- ¥ 50元（約850円）
- 🕗 08:00〜17:30
- 💻 http://www.gxnnzoo.com/

　南寧動物園は1975年に開園した国家4A級旅遊景区の動物園だ。園内には動物の展示の他に巨大プールのカリビアン・ウォーターワールドや遊園地も備え、年間100万人以上の来場者を誇る全国一流の城市動物園だ。近年、地下鉄1号線の動物園駅が開通し、アクセスも非常に便利になる。

　同園ではイルカや象といった動物のショーが開催されるが、2011年に園内の売店で熊胆粉の販売が発覚。熊胆（ゆうたん）は消化器全般に効能がある漢方薬だが、熊の雑技も行い、野生動物の保護を訴える動物園で販売するべきではないと中国のメディアでも叩かれる。

　中国の動物園は開園時間直後に訪問すると、飼育スタッフが動物にエサを与えるシーンが見られる。動物の種類によってはかなり微笑ましい。園内の児童逗楽園では児童が山羊やアルパカにエサやり体験が可能だ。

遊園地エリアには際立った特徴がなかった。

回転ブランコで頻繁に目撃する運転中のネコ。

飼育員に甘える動物に萌える。

ショーに向けてアシカもスタンバイ！

同園の遊園地区画にはアメリカ産アニメのキャラクターイラストが散見されるが、筆者を驚かせる山塞キャラは見られなかった。

南寧市は亜熱帯気候に属し、温暖湿潤な環境により苔むしたオブジェもある。動物園のイメージを破壊しかねないレベルで不気味なので、メンテナンスをしてほしいところだ。しかし園内には白雪姫と七人の小人のオブジェと一緒に設置されていた。白雪姫オブジェはしっかり色の塗り分けが施されていたが、ディズニーを代表するプリンセスにも関わらず瞳とまつ毛の描写がいい加減だ。おそらく女性の化粧について理解していない男性が描写したと推測される。すぐ近くのミニーマウスのオブジェは白目部分が青色になっておりまったく別のキャラのように見える。筆者としては園内の兵馬俑ミイラ展覧館はチープな内容らしく気になったが営業していなかったのは残念だ。

じゃれあう熊。

子供が泣き出しそうな恐ろしい表情のゴリラオブジェ。

メンテナンスが面倒なのは理解できるが、苔むして不気味！

中国人は黄金が大好きなので、象のオブジェもこうなる。

悪夢に出てきそうなイモムシのオブジェ。

ごみ箱にはなぜか『ライオンキング』のイラスト。

言わざる聞かざる見ざる。

中国の白雪姫は笑えるポイントだらけ！

女の子なんだから、まつ毛を描いてあげて！

右目の眼球が赤い小人。暴力事件なのか？

アヒルのオブジェも需要がある。

青い眼球のネズミオブジェは中国各地にあるはず。

南国の密林のような公園内の
小規模遊園地で目撃したパクリ

🏠 南寧南湖公園

- **読** なんねいなんここうえん
- **簡** 南宁南湖公园
- **発** ナンニンナンフーゴンユェン
- **A** Nanning Nanhu Park
- 📍 广西壮族自治区南宁市青秀区双拥路
- 🚇 南寧地下鉄1号線「南湖」下車
- ⤢ 約192万平方メートル
- ¥ 無料
- 🕐 24時間開放
- ▪ 特になし

　南寧南湖公園は南寧市の東南部の湖と亜熱帯園林が一体化した公園で1973年に開園。南寧市は人口700万人以上の大都市なのだが、同園の陸地面積だけでも約90万平方メートル以上もあり、中国の都市計画の大胆さに驚かされる。広西チワン族自治区は亜熱帯地域に属し、園内にはガジュマルの大木が林立している。

　同園南西部にある百色起義陳列館は愛国主義教育基地とされ、陳列館正面にある烈士像には鄧小平が百色義の革命烈士を称賛する題詞を書いている。筆者訪問時の2015年大晦日には陳列館すぐ近くに小規模な遊園地（游乐园）が建設中で、観覧車やメリーゴーラウンドといった遊具設営の進捗状況からすると、本書出版時にはすでに稼働しているはず。

　さすがに工事現場に入ることはできなかったが、外からでもパクリは散見され

南国特有の植生を鑑賞できる。

建設中につき、奥まで探索していない。

アメリカ産アニメキャラが遊具の柱に描かれている。

トンネルの壁にネズミの姿を発見。

た。同園でもやはりディズニーキャラは絶大な人気があり、小さなトンネルにはミッキーマウスの手描きイラスト、遊具の柱にはポンチな絵柄のドナルドダックなどが目撃された。マリオが重力を無視して宇宙まで大ジャンプをしているイラストが見られたが、任天堂のWii専用ゲームソフトの『スーパーマリオギャラクシー』の世界観を表現したのだろう。

マリオが宇宙まで大ジャンプ!!

　設営中の回転ブランコには西洋画と共に脈絡もなく北京オリンピックの公式キャラクターの「福娃」が描かれていた。明らかに不協和音を奏でている組み合わせなのだが、中国人の観点では問題ない光景なのだろう。「福娃」や本書中部編に登場した巨大関羽像のデザインを担当した大御所美術家の韓美林の感想を知りたいところだ。中国各地では経済発展の影響で同園のような小規模遊園地も建設されている模様。

遊具に描かれた北京オリンピックの公式キャラ。

南の島の遊園地でも ネズミ型コースター大爆走！

🏠 白沙門公園

- 読 はくさもんこうえん
- 簡 白沙门公园
- 発 バイシャーメンゴンユェン
- A Baishamen Park
- 📍 海南省海口市美兰区海甸六东路10号
- 🚇 海口东站からタクシーで約20分。市内各所から運行している19路、44路といった路線バスで「白沙门公园站」で下車
- ↗ 約60万平方メートル
- ¥ 無料
- 🕐 24時間開放
- 💺 特になし

　海南省はもともとは広東省に属していたが、1988年に省に昇格。九州と同じくらいの面積の島で、近年、世界初となる島を一周する環状型の高速鉄道網が完成。工業が発達していないので、大気汚染されていない新鮮な空気を求める「洗肺ツアー」として訪問する旅行客が増えている。

　海南省の省都の海口市にある白沙門公園は2009年にオープンした国家3A級旅遊景区の公園だ。園内には生態湿地園やビーチ、遊園地の白沙門児童遊楽園が設置されている。海口市には同園が完成するまで遊園地はなかったそうだ。『機関車トーマス』の形状をした遊具にはなぜか車輪部分に座席が固定されていて、どのような動きをするのか不明。園内ではドラえもん型の凧や回転ブランコには定番の山塞キャラクターが散見されるが、一番の人気はやはりディズニーキャラ。小型ジェットコース

どんな動きをするのか予測できないトーマス型遊具。

ターの車体の形状がミッキーマウスだ。中国各地のネズミ型コースターの中でもかわいらしい部類の顔立ちで、江西省南昌市の人民公園のコースターと同型機のようで、車体の後部には尻尾も確認される。

メリーゴーラウンドにはびっしりとディズニープリンセスのイラストで埋め尽くされ、他の遊具の柱にはミッキーとミニーマウスがプリントされている。筆者訪問時は2015年の12月で上海ディズニーランドもまだ工事中という段階だった。同時期の上海錦江楽園ではディズニーのパクリキャラも駆逐されつつあったが、中国の南の島でも山寨的遊具が普及している事実は衝撃だ！

中国はベトナムやフィリピンとスプラトリー（南沙）諸島やパラセル（西沙）諸島の領有権を争っているが、最前線の海南省の公園で領有権関係の政治的主張が見られなかったのは意外だった。

バードウォッチングや撮影をする来園者。

サメに放水する遊具は中国各地で大人気。

ぽっちゃり系でかわいらしい表情のネズミ型コースター。

ディズニーイラストたっぷりの遊具。

後ろから観察すると尻尾も確認できる。

ドラえもんといえばタケコプターじゃないのか？

配色がおかしいドナルドのオブジェ。

元ネタはピンクパンサー？それともネズミ？

毛沢東の肖像画がある遊園地はあまりない気がする。

椰子の実ジュースの原料のストック。

SD風海賊オブジェ。

中国遊園地でたまに目撃するイモムシ型コースター。

知られざる中華料理も多数あり！
中国遊園地グルメ

　中国は述べるまでもなく広大な国なので、食習慣や嗜好も地域によってかなり異なる。日本の中華料理店でもお馴染みの料理もあれば、中国の全地域に足を踏み入れた筆者ですらまだまだ未体験な料理も数多く存在する。中国遊園地の園内ではけっこうグルメを楽しめたり、愕然とする味付けの料理と遭遇したりすることも……。筆者が中国遊園地で食べたメニューの中からほんの1部ではあるが、本項ではごはん類、麺類、軽食、飲み物といった内容を紹介し、筆者の独断と偏見で評価は★でランク分け（★3つが最高ランク）をすることにした。

★★　チャーハン　炒饭（チャオファン）出来立てのチャーハンは基本的に美味だが、フードコートの作り置きにはがっかりすることも…。

★　カレーライス　咖喱饭（カーリーファン）中華カレーはルーが水っぽく、あまり美味いと思わない。現地の和風カレーはだいたい日本と同じ味かも？

★★★　海南鶏飯　海南鸡饭（ハイナンジーファン）東南アジアでは一般的な料理で調理後に冷ました鶏肉が出される。あっさりかつ上品な味わいは絶賛に値する！

★★　黒椒鶏腿飯　黑椒鸡腿饭（ヘイジャオジートゥイファン）湖北省のテーマパークで食べてみたらスパイスが食欲を増進したが、刺激が強すぎたのか食後、筆者は腹痛に…。

★★　牛肉麺（ニュウロウミェン）蘭州ラーメンとも呼ばれ、近年、日本でも人気が出ている。豚肉を使わないイスラム教徒のハラル料理でもある。

★★ 炒麺（チャオミェン）いわゆる焼きそば。中国遊園地では大外れがあるとは思われない無難なメニューだと筆者は解釈している。

★★★ ビャンビャン麺（ビャンビャンミェン）やたらと漢字の画数が多いことでも有名な西安の名物麺料理。幅広い麺と辛口の味わいは忘れられない逸品。

★〜★★ ハンバーガー 汉堡包（ハンバオバオ）大手ファーストフード店ならそれほど違和感はない味だが、遊園地の園内だと店舗によって当たり外れあり。

★★★ 煎餅菓子 煎饼果子（ジェンビングゥオズー）遊園地の中ではあまり見られないが、チャイニーズクレープとも言うべき傑作。日本でも売れそうな予感。

★ 臭豆腐（チョウドウフー）遊園地でも出店しているので筆者はたまに食べる。強烈な臭いに敬遠する日本人も多いので評価は星1つ。

★★ たこ焼き 章鱼小丸子（ヂャンユーシャオワンズー）中国のたこ焼きは中身がイカとなっていることが多い。味はともかくたこ焼きとは別の料理ではないのか？

★★ 台湾ソーセージ　台湾香腸（タイワンシャンチャン）飲食店が出店していない観光施設でも目撃され、貴重なカロリー補給源になることも。食べると甘い味付けだ。

★★★ 羊肉串（ヤンロウチュアン）チリペッパーとクミンをまぶした羊肉の串焼き。新疆ウイグル自治区の羊肉串は特に美味だと強調したい！

★★ ミネラルウォーター　矿泉水（クァンチュエンシュイ）筆者は中国では農夫山泉（农夫山泉）というミネラルウォーターをよく飲んでいる。近年は自販機でも販売。

★★ ヨーグルト　酸奶（スワンナイ）中国のヨーグルトはストローで飲むものが多い。常温で保存されていてもなぜか飲んでも腹痛にならない。

★★★ ココナッツミルク　椰子汁（イェズージー）日本の都会にある中国物産店でも購入可。非常にまろやかな飲み口で筆者はたまに無性に飲みたくなる。

★★★ クワス　格瓦斯（グァーワースー）東欧の伝統的な飲料でノンアルコールビール＋蜂蜜が近い味。中国ではロシア関連の観光施設等で目撃される。

高層マンションが景観を破壊？
南方の北京故宮博物院

🏠 同安影視城

- 読 どうあんえいしじょう
- 簡 同安影視城
- 発 トンアンインシーチャン
- A XIA MEN TONG'AN MOVIE & TV CITY
- 📍 福建省厦门市同安区轮山路339号
- 🚌 厦門火車站から3線もしくは79路のバスに乗り同安影視城站で下車。アモイ島内から複数の路線バスが走っている
- 📐 約66万平方メートル
- ￥ 40元（約680円）
- 🕐 08:00～18:00
- 🌐 http://www.taysc.com/

　同安影視城は福建省のアモイ郊外で営業している国家4A級旅遊景区の撮影所、娯楽施設だ。同安影視城の敷地内には北京故宮博物院の建造物を再現した天安門、太和殿、養心殿があり、昔の街並みを再現した明清街も観光の目玉になっている。

　1998年に落成した同園はこれまで『皇宮宝貝』『開台英雄鄭成功』といった時代劇が撮影されている。同園までアモイ島内から複数の路線バスが走っているが、バスでのアクセスは1時間前後かかる。同園の天安門のレプリカは本物の1/4スケールで再現されていて、門を通過すると故宮博物院を代表する建物の太和殿のレプリカが目の前にいきなり現れる。完成当初は同園の周辺にほとんど建築物がなかったようだが、現在は景観を破壊する高層マンションが周辺に建造されている。

　太和殿の内部は天井までしっかり作りこ

周囲の高層マンションも映り込み景観を損ねる。

みがされている点は評価したい。内部には皇帝の玉座や中国の観光地では一般的なコスプレ用レンタル衣装が並んでいるので、皇帝や女官の衣装を着用することも可能だ。

　敷地内には小規模ながらジェットコースターも併設されているが、周辺にはディズニーキャラがぎっしり詰まった看板が目撃された。アモイから船で1時間くらいの場所に台湾の金門島があるが、同園は北京の建造物にこだわりがあるようだ。城壁の名前が中国の南方では見られない長城となっているが、長城の目の前に住宅地が並び、清掃が行き届いていない場所も見られるので愕然とする。明清街の当時の生活を再現したマネキンの味わいある表情は必見。同園は本書中部編で紹介した浙江省の横店影視城にある明清宮苑の迫力にはかなわないが、台湾に政治的圧力をかける目的で建造されたのかもしれない。

太和殿の内部。

ゴージャスなコース料理を囲む女官。

建設中の高層マンションは撮影の妨げではないのか？

お約束のようにディズニーキャラも登場。

角度次第ではそこそこマシに見える長城。

長城の城壁すぐ目の前に住宅地。

角度によってはフレームに高層マンションが映り込む。

味わい深い表情のマネキン。

遠くに見える天安門は地元住民から同安門と呼ばれる。

故宮の九龍壁も再現されている。

来園者はそれほど多くなかった。知名度が低いのか？

園内でオリジナルキャラよりも目立つ熊兄弟とおっさん

🏠 アモイ方特夢幻王国

- 読 あもいほうとくむげんおうこく
- 簡 厦门方特梦幻王国
- 発 シアメンファンテェァモンファンワングォ
- A Xiamen Fantawild Dreamland
- 📍 福建省厦门市同安区石浔南路1111号
- 🚌「厦门北站」から691路のバスに乗り「方特梦幻王国」で下車。アモイ島内の「会展中心」から653路のバスに乗り「方特梦幻王国」で下車。アモイ島内から複数の路線バスが走っている
- ↗ 約88万平方メートル
- ¥ 220元（約3740円）
- 🕐 月曜～金曜:09:30～17:30
  土曜・日曜・祝日:09:30～18:00
- 🔗 http://xiamen.fangte.com/DreamLand/

アモイ方特夢幻王国は2013年に福建省アモイ市の郊外に開園。中部編で紹介した蕪湖方特歓楽世界と同じく深圳華強グループが運営している。国家4A級旅遊景区のテーマパークの同園はアニメや映画の特殊効果を中国の伝統文化と融合させた「中国のディズニー」を目標としている。年間来場者数600万人、アモイへの観光客による経済効果について年間25億元（約425億円）増収を見込んでいる。

しかし同園からアモイの繁華街の「会展中心」まで路線バスで1時間30分くらいかかり、アクセスは不便。筆者は2014年の大晦日に訪問。高速鉄道の路線や高速道路もすぐ近くにあるのだが、立体駐車場にはほとんど車が停まっていなかった。入場ゲートには西洋城塞風の建築物がそびえ立っているが、来場者もまばらで50名もいなかったはず。この日は最新

豪華なキャッスルに見えるが、ただの飾りで入れない。

型の絶叫マシンもフル稼働しておらず、ある程度人数が集まらないとスタッフが作動させない遊具が多かった。

　同園でも蕪湖方特歓楽世界と同様に深圳華強数字動漫有限公司が制作した『熊出没』のキャラクターが目立つ。しかし『熊出没』のグッズショップも閉店しており、やる気が感じられなかった。飲食店の「ピザキングダム」も休業中で、営業していたのは園内の恐竜型オリジナルキャラの「嘟嚕嘟比（ドゥルドゥビー）」をモチーフにしたファーストフード店の「嘟比漢堡（ドゥルドゥビーバーガー）」だけのようだ。広い店内で利用者は筆者1名のみ。ちなみに公式HPを閲覧してもオリジナルキャラの「嘟嚕嘟比」は『熊出没』よりも存在感が薄く、扱いに歴然の差がある。

　大型劇場の「聊斎」は中国の古典怪談集の『聊斎志異』をベースにしたチャイニーズ・ゴーストストーリーといった内容らし

『熊出没』トリオは公式キャラよりも目立つ。

『熊出没』とオリジナル恐竜キャラのコラボ。

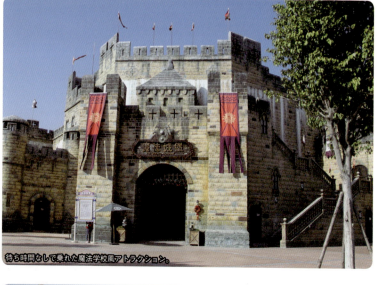
待ち時間なしで乗れた魔法学校風アトラクション。

秦陵歴検の元ネタは『ハムナプトラ3』なのか？

秦の始皇帝の亡霊や兵馬俑に襲われるライド。

い。同じく劇場型の「決戦金山寺」は中国の古典の『白蛇伝』をベースにしたアクションショーで、この辺はハイテクと中国の伝統文化の融合が見られる。

アトラクションの「魔法城堡」の英語名は「THE WIZARD ACADEMY」となっていて、参加者は魔法学校の巨大モンスターが現れる卒業試験をライドで体験する。最新映像技術がふんだんに使われているのは理解できるが、内容は映画『ハリー・ポッター』シリーズの山塞版。アトラクションの「秦陵歴検」はライドに搭乗すると秦の始皇帝の亡霊や兵馬俑に襲われる内容なのだが、明らかに元ネタはハリウッド映画の『ハムナプトラ3』だ。

園内にはチベット風の建造物もあり、「唐古拉雪山」というジェットコースターとなっている。チベットの雪山を鉱山列車が爆走するコンセプトだが、東京ディズニーラン

チベット風ジェットコースターの入口。

ドの「ビッグサンダー・マウンテン」を彷彿とさせる。筆者と男性１名を乗せてもらったが、驚いたのは乗り心地よりもコースター稼働中に同園の隣の敷地で第２期工事が確認されたことだ。広大な隣接地には深圳華強グループが「方特東方神画」というテーマパークを2017年４月に開園。ハイテクと中国の伝統文化の融合がより強調されたコンセプトになっている。深圳華強グループは夏休みのような繁忙期によほど高い集客率を見込める自信があるようだ。

チベット風の雪山を駆け抜けろっ！

　方特夢幻王国と方特東方神画はアモイの他には山東省青島市や浙江省寧波市といった中国の７つの大都市で運営されている。しかし純粋に入場料金220元（約3740円）に見合ったテーマパークとして楽しむ場合、低い集客力の影響で多くのアトラクションやショップが閉鎖される閑散期の年末の訪問はお勧めできない。

チベット族の銅像が設置されている。

ファーストフード店を一人で貸切状態。

この日、営業していた数少ない飲食店。

決戦金山寺の会場。

ピザキングダムは残念ながら閉まっていた。

聊斎はチャイニーズ・ゴーストストーリー的なショー。

方特アニメスターショーには見慣れたゲームキャラも登場。　《方特卡通明星秀》

まともなトイレなので、ツッコミどころがない。

スタッフにカメラを向けるとステキなスマイルをくれた。

入口近くに平日は儲かってなさそうな屋台が並ぶ。

広大な園内に対して来園者が非常に少ない。

来園者が少ないので、ウェディングフォトの撮影には絶好。

冬季はさすがに営業していない水世界。

平日でもここまで客が少ないと不安になる。

閑散としたメインストリート。

人気がありそうなアトラクションだが、客の気配がない。

冬季でも集客力UPできるよう努力してほしい。

掃除のおばちゃんの努力で清潔に保たれている。

ほとんどのショップが閉店。やる気あるのか？

ゲートの向こうで第2期工事が行われていた。

平日だとフードコートも営業していないようだ。

南昌最大の公園の山塞
＆廃墟遊具のコラボ

🏛 南昌人民公園

- 読 なんしょうじんみんこうえん
- 簡 南昌人民公园
- 発 ナンチャンレンミンゴンユェン
- A Nanchang People's Park
- 📍 江西省南昌市东湖区福州路 96 号
- 🚌 南昌火车站から 27 路のバスに乗り「人民公園北門」で下車
- 📐 約 33 万平方メートル
- ¥ 無料
- ⏰ 06:00 ~ 22:00
- ⚠ 特になし

　南昌人民公園は 1954 年に開園した南昌市最大の公園だ。中国人民解放軍の「建軍の父」と評される朱徳委員長が 4 回訪問し、「人民公園」の題字を残している（朱徳はかつて人民元の 100 元紙幣に毛沢東・劉少奇・周恩来と並んで肖像が描かれていた中国の建国に関わった元勲の 1 人）。同園は市内で最も多くの品種の植物を鑑賞できる緑地でもあり、絵画や写真撮影の愛好者からも注目されている。園内には中国伝統建築も点在し、江南園林の特色にあふれ、年間 90 万人以上の利用者が訪れている。同園は市内中心部にあるのでアクセスは非常に便利。筆者訪問時は休日だけあって大勢の市民が利用していたが、遊園地エリアは寂れた雰囲気が漂っている。

　ネズミ型コースターの車両のネズミの鼻に通常はありえない破損が見られた。恐らく車両が老朽化し、停車時に前車両との衝

親子やお年寄りが孫と一緒に公園で遊んでいる。

撃を吸収するショックアブソーバーが機能していないと推測された。車両の後部には衝撃緩衝材としてタイヤが取り付けられているが、いい加減な応急処置のようだ。

　メリーゴーラウンドや回転ブランコ、お化け屋敷の聊斎城も長らく稼働している気配がない。同園は南昌市政府が管理しているのだが、税金で運営されている公園の遊具には適切なメンテナンスをする、もしくは撤去する必要があるはずだ。

　中国の遊園地ではよく見られるラジコンボートのプールでは釣魚島（尖閣諸島）の領有権を主張していた。「中国の釣魚島に我々は巡航しています」といった内容のスローガンは定型のテンプレートだが、プールに釣魚島をイメージした島のジオラマが浮かんでいたのは珍しい。同園は省政府の近くにある為、領有権の主張に気合が入っているのかも。

低年齢の児童向け遊具の先頭車両に注目すると…。

ネズミ＋平安まろ眉だった。

ネズミの鼻のヒビが気になる。

ショックアブソーバーのバネの取り換えを勧めたい。

応急処置のような衝撃緩衝材のタイヤがボロい。

丸いキャラは子供のハートを掴みやすいと理解できる。

お爺ちゃんと孫を載せて爆走するネズミ型コースター！

お化け屋敷の聊斎城も閉鎖されていた。

スラム風の遊具は使えないようになっていた。

中国各地で見られる遊具の花果山漂流も運行停止中。

明らかに稼働していないメリーゴーラウンド。

釣魚島（尖閣諸島）の領有権をラジコンボートで主張！

建軍記念の公園内で『カーズ』のパクリ遊具発見！

🏠 南昌八一公園

- 読 なんしょうはちいちこうえん
- 簡 南昌八一公园
- 発 ナンチャンバーイーゴンユェン
- A Nanchang Bayi Park
- 📍 江西省南昌市东湖区民德路 106 号
- 🚉 南昌火车站から 27 路のバスに乗り「八一公园」で下車
- ↗ 約 24 万平方メートル
- ¥ 無料
- 🕐 24 時間開放
- ▪ 特になし

　南昌蜂起とは 1927 年 8 月 1 日に中国共産党が江西省南昌市で起こした武装蜂起で、南昌八一公園は当時の戦場の 1 つだった。中国では南昌蜂起を記念して 8 月 1 日を建軍記念日と定めている。人民解放軍の軍旗、国籍マークなどに表記されている「八一」という文字も南昌蜂起の日に由来する。

　南昌市は「英雄城」という呼び名もあり、市内には同園の他に南昌八一広場、八一起義紀念館、八一大橋といった「八一」にちなんだ名前の施設が存在する。同園は 1932 年に湖浜公園、1946 年に介石公園という園名にされるが、1950 年に現在の園名に定まる。同園は市中心部にあり、南昌駅から 27 路のバスに乗れば 10 〜 20 分で到着する距離だ。同園の総面積約 24 万平方メートルのうち、半分以上が唐の時代に治水工事の一環として作られた

中国人は十二支オブジェが大好きなのだ！

潤んだ瞳（に見える）ウサギ。

東湖で、風光明媚な公園として南昌市民にも親しまれている。

園内の児童楽園はそれほど規模が大きくない遊園地だが、児童向けアニメ調の十二支像があるのも最近の中国らしい。ほとんどの遊具は稼働しているが、なぜかメリーゴーラウンドは落ち葉が積もっており、長らく稼働していないようだ。

なかでも印象的だったのはアニメ映画『カーズ』の主人公のライトニング・マックィーンのデザインをパクった遊具だ。フロントガラスの円らな黒い瞳がかえって不気味さを増している。中国の遊園地では見慣れつつある光景なのだが、同園でも自給自足の現場を目撃した。一般人は立入禁止の遊具の敷地内で中華ソーセージと豚の脂身をぶら下げて乾燥させており、改めて中国人の食に対する執念を感じる。

虎の額には「王」の文字。

モヒカンの馬もかわいい。

鶏の首には金メダル？ペンダント？

大事そうに骨を抱える犬。

帽子を被ったヘビはおしゃれさん。

やたらとテンションが高そうなナシ。

なぜか教室で地震が発生した場合の避難方法を説明。

回転ブランコのイラストに注目。

パクリキャラを期待したが、イラストは風景画だった。

公園周辺には築20年くらいのアパートが並ぶ。

熊型遊具は2本の腕、4本の脚だった。

ハチミツの塊を握りしめる熊。

稼働していないメリーゴーラウンドが放置。

職員お手製？ソーセージと豚の脂身がぶら下がっていた。

象牙のない首だけの象はまだ子供なのだろう。

シュワッチ！！

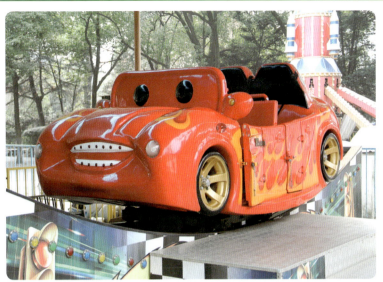

つぶらな瞳が逆に怖い。

元ネタはもちろん『カーズ』だ。

熊兄弟が運ぶ輿にはマリオのイラストが。

有料のプレイルーム。

『熊出没』トリオは大人気！

百獣の王には見えないフレンドリーそうなライオン。　やんちゃそうな豚キャラ。

アニメ調と本物に見える鶏オブジェが共存。

子供たちを見守る羊（ウソ）。

親子連れで大盛況の遊具。

お母さんと楽しいひと時を過ごすキッズ。

筆者の大好物の羊肉串が並ぶ。

老人が多く見られ、将来の中国も少子高齢化が予想される。

バーベキュー会場として繁盛する廃墟遊園地

🏠 青山湖遊楽園

- 読 せいざんこゆうらくえん
- 簡 青山湖游乐园
- 発 チンシャンフーヨウローユェン
- A 不明
- 📍 江西省南昌市东湖区洪都北大道湖滨西路3号
- 🚇 南昌火车站から5路のバスに乗り「青山湖游乐园」(中大青山湖花园站)で下车。※南昌火车站や市内各所からなら、タクシーで行くことを勧める。
- ↗ 約3・8万平方メートル
- ¥ 5元(約85円)
- 🕐 08:30～16:30
  バーベキュー会場営業時間:09:00～23:30
  ※明るい時間に訪問を勧める。
- 💻 特になし

　江西省南昌市の青山湖は南北の長さ約5km、東西の幅約1.5kmを誇る風光明媚な湖だ。湖畔の西側にある青山湖遊楽園は1986年に開業した遊園地で、国有企業の南昌市青山湖水上遊楽世界有限公司が運営を行っている。開園当初は南昌市民の訪れが絶えず、最盛期には年間10万人以上の来場者を呼び込んでいた。

　中国江西网のネット記事によると2013年の時点では遊具の老朽化がひどく、安全確保の為にメンテナンスを行うといった内容だった。しかし新华网江西频道の2016年のネット記事にはゴールデンウィーク期間中でも大部分の遊具が運行を停止。記事を執筆した地元の女性記者が子供を連れて再訪した際に、自身の幼年の記憶とのあまりの落差に愕然としていた。以前なら休日なら1日で2000人以上の利用者が訪れていたが、現在は国慶節の大型

閉鎖されたお化け屋敷の恐怖城。

歩道の清掃は行き届いているようだ。

なぜか営業している射的ゲーム。

朽ち果てようとする遊具。

長期間稼働せず、哀しい表情に見えるライド。

シートは破れ、タイヤはパンク。

連休中でも1日で数百人程度の訪問者がいればいい方らしい。

筆者は2017年1月2日に訪問したのだが、遊具のほとんどは老朽化して運行停止中、足こぎボートは陸上でゴミとして朽ち果てている。お化け屋敷の恐怖城や巨大迷路の奇妙城も廃墟化している。以前は馬場に4匹いた馬も2匹に数を減らし、管理人はいつまで維持できるかわからないと嘆く。入場料5元（約85円）だが、遊園地としては機能していない。しかしバーベキューエリアは大盛況で、100名以上の利用者が食事を楽しんでいた。

近年、南昌市でも大小様々な遊園地が開園し、同園は苦境に立たされているが、バーベキュー会場として活路を見出そうとする点に中国人のバイタリティを感じる。なお、同園でもスタッフが敷地内で野菜を栽培する自給自足の現場も目撃された。

少しだが動かせるボートもある。

珍しい組み合わせのタコとドラゴン。

険しい表情をしたアヒル。

巨大なゴミと化したボート。撤去費用もないのか?

海賊船も運行停止。

天幕が破れたまま放置された遊具。

遊具の再利用もできないのか？

合法的に入れる廃墟遊園地。ありえねぇ～。

時間の流れが停止しているかのようだ。

汚れ放題のプレイルーム。

二度と稼働することはないだろう。

バーベキュー用の薪だろうか？

まともに営業している遊園地だと思っていたので衝撃だ！

巨大迷路の奇妙城の入口も閉ざされていた。

稼働していない遊具ばかりだが、なぜか乗馬が可能。

なぜかバーベキュー会場として大繁盛！

スタッフが園内で野菜を栽培する自給自足の現場。

駐車場が圧倒的に不足している中国最大の観覧車

🏠 南昌之星遊楽園

- 読 なんしょうのほしゆうらくえん
- 簡 南昌之星游乐园
- 発 ナンチャンヂーシンヨウローユェン
- A Nanchang Star Observation Wheel
- 📍 江西省南昌市红谷滩新区赣江南大道1号
- 🚇 南昌火车站(西广场南公交站)と高铁西客站(西枢纽地下公交站)を結ぶ高铁巴士2路のバスに乗り「南昌国际展览中心」で下車
- ↗ 不明。それほど広くない
- ¥ 無料
- 🕐 09:00～21:00
- 💻 http://nczx.txjly.com/ （現在はなぜか閲覧不可）

南昌之星遊楽園で運行されている南昌之星摩天輪は2006年の完成当初は世界最大の観覧車だった。高さ160メートル、直径153メートルを誇り、1周30分かかる。南昌之星摩天輪は上海錦江楽園やハルビン文化公園でも観覧車を製造した上海遊芸機工程有限公司や上海西渡内河工程船舶修造所が担当している。建設費は5700万元（約97億円）、60ケのゴンドラ内には三菱製のエアコンと消火器が設置され、停電時には発電機によって電源を確保。重量は1100トン以上あり、当然ながら地震や強風にも耐えられるよう細心の注意を払って設計されている。

現在、南昌之星摩天輪はシンガポール・フライヤーやラスベガスのハイ・ローラーに世界一の座を明け渡しているが、中国では最大の観覧車だ。筆者は南昌之星遊楽園へ2015年の元旦に訪問し、実際に観覧

観覧車は60台のゴンドラが稼働。

車に乗ってみたがゴンドラからの景色は壮観の一言だ。眼下を流れる贛江(かんこう)の川幅は軽く1000メートルを超えているはずだ。河原には馬場や真人CS（サバイバルゲーム）のフィールドが広がっていた。

　周辺は新開発された土地のようで、中国の大胆な都市計画を実感できる。しかし同園の目の前を走る贛江南大道の片側が駐車場として使用されているのは驚きだ。開園当初は駐車場についてまったく考慮されていなかったのか、本来なら路上駐車違反として取り締まられるべき車両が延々と繋がっているのは異様な光景だ。同園も国家5A級旅遊景区の遊園地としては駐車場の不備は自覚しているようで、地下駐車場を建設予定とのこと。

　アクセスは南昌駅と南昌西駅を結ぶ高鉄バス2路に乗り、南昌国際展覧中心で下車すればすぐなので便利だ。同園の公式

1周30分かかる観覧車。

観覧車に並ぶ長蛇の列。

中国の大胆な都市計画に驚かされる。

高所恐怖症の人間にはお勧めできない観覧車。

雄大な河の流れを見つめて。

　HPは現在、なぜか閲覧できない。百度百科にも敷地面積については紹介されておらず、それほど広いとは感じなかった。それでもアクセスが便利なのか親子連れで賑わっており、毎日平均8000～1万人、繁忙期には2万人の利用客が訪れるそうだ。

　園内の様子だが、釣り堀のような小さな池にはウルトラマンタロウに似た像が目撃された（残念ながら、2017年に再訪時は撤去が確認された）。非常にレアなケースだが、2010年に開催された上海万博のマスコットキャラの「海宝」のオブジェを発見。海宝はアメリカの児童向けテレビ番組の『ガンビー』のキャラのパクリとも言われているが、上海からかなり離れた江西省に設置されている理由を知りたい。園内には激しく退色したディズニーキャラのイラストが散見される。

ゴンドラの乗り心地は快適だった。

眼下の広大な空き地を駐車場にしてほしい。

空き地で凧揚げをする現地人が多数あり。

　真人CSのフィールドは周辺に数か所存在しており、かなり本格的なものまで運営されていたが、再訪時には撤去されていたフィールドもあり。それでも若者の集団がゲーム用の銃の準備をしていたので、それなりに需要がある。河原近くのコンクリートの壁にもディズニーキャラや『クレヨンしんちゃん』のイラストが見られた。

　食事についてだが、同園は最近の中国の大きなテーマパークとは異なり、園内で手抓餅のような軽食を屋台で販売し、値段も市場の価格と大差ないのが嬉しい。

　いろいろツッコミも書いてみたが、これだけある中国の遊園地の中でもマニアなら最大の観覧車の南昌之星摩天輪に一度は乗ってみる価値がある。筆者としては料金50元（約850円）も納得できる価格で、休日ともなると長蛇の列は覚悟してほしい。

大規模サバイバルゲームのフィールド。

幹線道路に多数の車が停車。大丈夫なのか？

ゴミ拾いをして環境保護を訴えるタロウ。

上海万博のマスコットキャラ。

かろうじてキャラの原型が残っているイラスト。

過剰装飾の山塞列車。

退色したイラストは新しく描きなおしてほしい。

寂れた感じのサバイバルゲームのフィールド。

サバイバルゲームは参加してみると楽しい。

筆者も中国でサバイバルゲームを体験している。

遮蔽物だらけのフィールド。

レンタルのサバイバルゲームセット。

キュービズムと錯覚するネズミのイラスト。

しんちゃんファミリーの目の前の木が邪魔だ。

プーさんはハチミツ大好き!

アヒルが歓迎してくれる。

こういったヘタウマなイラストは筆者の好みだ。

観覧車が中国1の大きさだと自慢しているのか？

風船1個でダンクに挑戦するプーさん。

ディズニーキャラがいっぱいの壁画だった。

再訪しても壁のイラストに変化がなくてホッとしている。

「私たち（中国人）は龍の子孫」と述べている。

遊園地としてはそれほど広くない。

小規模お化け屋敷の恐怖城。

おそらくパチモンのドラえもん人形。

白いハトに餌付けが可能だ。

臭豆腐も店頭に並ぶ。

再訪すると新型遊具が観覧車近くに配備。

十二支オブジェのコブラ。

自由に彩色する楽焼キャラ。

アジアらしいおめでたい感じの龍のオブジェ。

リアル指向の虎オブジェ。

打倒ディズニーのコンセプトは
特産品の景徳鎮！

🏠 南昌万達楽園

- 読 なんしょうわんだらくえん
- 簡 南昌万达乐园
- 発 ナンチャンワンダーローユェン
- A Nanchang Wanda Theme Park
- 📍 江西省南昌市九龙湖新区九龙大道东侧南昌万达城
- 🚉 高速鉄道駅の南昌西站からタクシーで約10分。地下鉄2号線の「九龙湖南」下車。南昌市各所から路線バスあり。
- ↔ 約160万平方メートル（主題楽園は80万平方メートル）
- 🕘 09:30〜17:30（主題楽園の平日）
  09:30〜18:00（主題楽園の週末・祝日・夏休み）
- 💻 http://nanchang.wandaresort.com/

¥

楽園	平日	ピーク時（土日や祝日）
主題楽園	198元（約3366円）	248元（約4216円）
電影楽園・飛越江西	58元（約986円）	58元（約986円）
電影楽園・瞳熿送楽	38元（約646円）	38元（約646円）
海洋楽園	150元（約2550円）	180元（約3060円）

※各楽園の入場料は組み合わせると割引される。

巨大な陶磁器型モールに圧倒される！

この辺では中華ロックが爆音で流れていた。

着ぐるみの中の人は男性かもしれない。

　不動産会社として出発した大連万達グループは現在、アジアーの富豪になっている王健林会長が創設したコングロマリットだ。同社は近年、映画産業にも莫大な投資を行い、2016年1月にアメリカの映画制作会社のレジェンダリー・ピクチャーズを買収している。中国の映画市場の急拡大はすさまじく、最近はアメリカの映画に中国系の有名な役者が出演し、米中合作の映画の『グレートウォール』(2017年公開)は張芸謀(チャン・イーモウ)監督がメガホンを握り、ハリウッドスターのマット・デイモンが主役として登場。

　さらに上海ディズニーランド開園前の2016年5月に江西省南昌市にオープンしたのが南昌万達楽園（万達旅遊文化城）だ。今後の中国の中間層拡大による観光産業の発展も見越して、王会長は2020年までに万達旅遊文化城を中国本土に15ヶ

入口近くで龍がうねる！

所、海外に3ヶ所開業を目指すと鼻息が荒く、2016年9月には安徽省合肥市にもオープンしている。

　王会長はディズニーにライバル意識を持ち、「一匹のトラ（上海ディズニーランド）はオオカミの群れ（万達旅遊文化城）にはかなわない」とコメントしている。南昌万達楽園は主題楽園、海洋楽園、電影楽園、万達茂（ショッピングモール）、ホテルで構成されている。

　しかし開園直後に偽ミッキー＆ミニーといったディズニーキャラのパクリ着ぐるみが登場し、ディズニー側も「出来が悪く、期待していた人々を失望させるだろう」と激怒。対する万達側は「ショッピングモールのスタッフが勝手に行い、パークの意思ではない」と声明を発表。

　南昌万達楽園の設計はカナダのForrec社、アメリカのTVSA社、韓国のハンファ

ちょっと情けない顔の鍾馗キャラ。

着ぐるみを脇に抱えてご満悦の女の子。

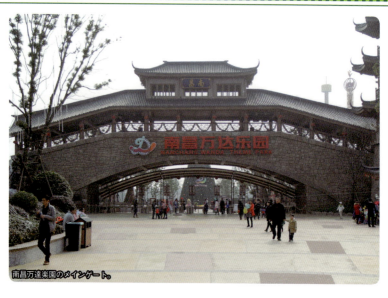
南昌万達楽園のメインゲート。

中華風オリジナルキャラが多数歩いている。

グループといった企業が担当している。「西洋文化の模倣をやめにしたい」という王会長の意向により、同園には西洋風のキャッスルは見当たらず、中華風のコンセプトでまとめたデザインだ。

　立地条件は高速鉄道駅の南昌西站からタクシーで約10分、地下鉄2号線に乗れば九龍湖南で下車すればすぐ近くにある点も評価したい。

　同園の主題楽園には中国の神様の鍾馗や動物をモチーフにしたオリジナルキャラが存在し、キャラグッズも販売しているが他の場所では未見。これから発展する中国の漫画、アニメ、ゲームとメディアミックスを行い、販路を拡大したらどうなのか？

　主題楽園内で流れる音楽は中国のロックグループの零点楽隊の『相信自己』、松平健の『マツケンサンバⅡ』（イントロのみ）、日本ファルコムのゲーム作品の『閃の軌

不安そうな児童を見守る優しい父親の図。

跡』のBGMが確認された。同園がこれらの楽曲の版権をどのように扱っているのか不明。しかし中国は2010年の上海万博のテーマソングで岡本真夜の曲の『そのままの君でいて』を盗作した過去もあり、中国の音楽業界の作曲能力はまだ低いのだろう。

　万達グループは江西省のプロジェクトだけでも400億元（約6800億円）近く投資しており（パンフより）、中国独自のテーマパークを目指すなら、園内のBGMもオリジナル曲を作ってほしい。同園の遊具はコースター類に力を入れており、中国最長の木製コースターの竹林緑蜻、中国最高の高度77mに達するコースター雲霄飛車、中国最速の時速90kmを誇る吊り下げ型コースターの龍飛鳳舞を揃えているが、雲霄飛車は2016年5月に地上70mの地点で停止して16名の乗客が

歩きにくそうなイモムシの着ぐるみ。

中の人の後頭部が丸見えなのはダメだろう(笑)

中華グッズを販売するスタッフ。

中華衣装を着用したスタッフ。

20分以上も取り残されるトラブルが発生している。

中国の最近のテーマパークではスプラッシュ系遊具の乗客を見知らぬ客が外からウォーターガンで放水するケースが目立つが、園内遊具の鄱陽水戦は構造からすると乗客が外野に向かって放水が可能のようだ。

筆者は運よく園内パレードを撮影。規模はそれほど大きくはないが、出演スタッフは中国人ばかりのようで、美人が多いと感じた。地元江西省の景徳鎮の陶磁器をイメージしたフロート車も見られた。

同様に陶磁器のようなデザインの万達茂は館内に海洋楽園や電影楽園、映画館を備えた巨大ショッピングモールだ。内部も白を基調とした曲線を描くデザインで、地元の特産品を上手に取り入れていると評価したい。

運よくパレードを撮影できた。

　万達グループは年間 1000 万人の集客を見込んでいて、筆者訪問時は祝日の為か買い物客で非常に賑わっていた。モール内で販売されているディズニーキャラのぬいぐるみは正規品のようだが、ゲームコーナーの景品のミッキーマウスやトトロは明らかに偽物だ。

　海洋楽園は公式HPによると、アジア最大の水族館とのこと。電影楽園は映画のテーマパークだが、アトラクションは鍾馗嫁妹（钟馗送亲）と飛越江西しかないようだ。筆者は飛越江西にトライしてみたが、シートに座り安全ベルトを固定されると、水平だった床が垂直に傾き、目の前に直径20mの球面スクリーンが出現する。乗客は景徳鎮の皿に飛び込み江西省の景色の中を飛行するバーチャル体験をするのだが、独特の柔らかいタッチのデジタル映像と風や雨の演出は素直に絶賛したい！

フロート車のお姉さんに注目だっ！

お姉さんはベージュのババシャツを着用。

お笑い芸人よりもド派手なピンクのスーツ！

読者のタイプのパフォーマーはいるかな？

万達グループのダイナミックなプランはすごいが、2014年に湖北省で開園した武漢万達電影楽園は32億元（約544億円）が投資されたが、わずか1年半で閉園。今後の再開はあるだろうか？　いずれにせよ、同社も参入する「中国テーマパーク戦争」はますます激しさを増し、筆者としては万達グループの動向に注目したい。

パレードのメンバーも全員、中国人で構成されている。

冬季はババシャツでもちょっと寒いかも？

景徳鎮型フロート車、出動っ！！

セクシーバニーガールが現れた！

かなりがんばった表情で爆走するイモムシ型コースター。

江西省の竹林をイメージしたエリアの竹海秘境。

トレーニングに励むパフォーマー。

竹細工も江西省の特産品の模様。

イベント会場はまだ開演前なので閑散としていた。

影視城（撮影所）のような雰囲気だが違う。

竹細工の龍。

冬季でも集客力があるのは立派。

中華デザインの遊具。

オリジナルキャラグッズを多数販売中!

どこかで見たネコグッズも…。

オリジナルキャラバッグ。

山塞キャラだと思う人は手を挙げてっ!

うんこ棒は日本のアニメの影響のはず。

キャラデザインは悪くないと思うよ。

緑色のキャラも売れるといいねっ！！

洗練された店内。

回転ブランコからゲーム『閃の軌跡』のBGMが流れた。

有名熱帯魚アニメっぽいバブルガン。

眼球にまつ毛が描かれた偽物ネズミキャラ。

トトロとミニオンズが沈没。

裸にネクタイのトトロは変態なのか？

巨大な蛇の形をした木造コースターの入口。

遠くからでも威容を誇る木造コースター。

乗らなくてもビビる高さまで登るコースター。

途中で停止したら困るコースターだ。

自分の眼を疑う規模の巨大なコースター。

オブジェの美女の塗り分けが至高のレベル！

中国の七夕伝説がモチーフになっている。

七夕は中国発祥の物語だ。

日本の七夕とは異なる展開なので、興味深い。

王会長の意向が反映されているのだろう。

レゴランド・ジャパンにも放水銃型アトラクションがある。

鄱陽水戦は実際に起こった湖上戦が元ネタだ。

台湾遊園地にも放水銃型アトラクションが存在する。

娯楽施設の放水銃は世界的な潮流なのか？

冬でも人気の放水アトラクション。

モールの奥に南昌万達楽園が広がっている。

伝統と近未来的なデザインの融合と言いたい。

天井が高く、児童ものびのび遊べそうだ。

近くに地下鉄駅があるので、アクセスも便利。

屋内遊園地も盛況。

これほどの規模の施設が中国各地で展開することに驚愕!

万達モールの入口。

太陽光をふんだんに取り込み、モール内は非常に明るい。　モールのエントランスのオブジェ。

白を基調とした色彩がまぶしい。

万達宝貝王号がゆっくり走る。

モール内の万達海洋楽園の入口。

半裸（局部は丸見え）。

大胆な吹き抜け構造。

完成度が極めて高いキャプテンアメリカのオブジェ。

天井の装飾にも強烈なこだわりが見られる。

カンフーパンダがポーズを決めるぜ！

モール内にある万達電影楽園。

ゲームの映像に夢中になるおじさんたち。

ＶＲ遊具の空飛ぶ自動車とのこと。

萌キャラとゴツいロボットの組み合わせ。

映画『グレートウォール』の宣伝。

ミニオンズもいたよ！

『ドラゴンボール』の孫悟空は超サイヤ人ブルーに。　電影楽園のアトラクション。

高級そうな景徳鎮も販売。

大きな壺に映像が投影される。

けっこう高い映像技術なのかも？

巨大モニターでは園内の遊具をアピール。

外装工事だけでもいくらかかっているんだ？

オブジェにもセンスを感じる。　　　　王会長は今後もがんばってもらいたい！

地下宮殿で展開される中華エログロワールド！

🏠 湖南烈士公園

- 読 こなんれっしこうえん
- 簡 湖南烈士公园
- 発 フーナンリィエシーゴンユェン
- A Hunan Martyrs Park
- 📍 湖南省长沙市开福区东风路1号
- 🚌 长沙站から111路のバスに乗り烈士公园公园南门で下車
- ↗ 約138万平方メートル
- ¥ 無料
- ⏰ 08:00の時点で開園
- 🌐 http://hnlsgy.com/

　湖南烈士公園は1953年に開園した全国十大城市公園の1つで、約138万平方メートルの広大な面積の約40％は湖になっている。同園は文字通り湖南省の革命烈士を紀念する公園で、愛国主義教育基地、国家重点公園としても機能している。園内の紀念区には58.6メートルの烈士紀念塔がそびえ、塔の上には毛沢東の題字の「湖南烈士公園紀念碑」が表記されている。

　公式HPによると2000年の時点で入園無料になる。同園の南大門には犬の散歩禁止の看板があり、園内の野良犬は殺処分すると書いてある。盲導犬は除外されるが、強引に持ち込んだ場合も野良犬と同様の扱いをすると明記されているところが中国らしい。年間500万人以上の利用者が訪れるそうで、早朝にお年寄りの集団が太極拳を行っているのは一般的な中国の公園の光景だ。

厳禁されているので散歩する犬の姿は目撃されなかった。

　同園には中規模ながら遊園地も併設されていて、人気山塞キャラクターが多く登場するのは言うまでもないが、筆者のお勧めは午前9時過ぎくらいにオープンするお化け屋敷の地下宮殿だ。巨人の口が入口になっているお化け屋敷は地下20メートル、全長300メートルのダンジョンなのだが、以前は防空壕のような雰囲気のトンネルになっている。入ってみると換気扇がないのか恐ろしく湿度が高く、カメラのレンズが結露で覆われる。内容は中国の神話や歴史に登場する人物像を展示しており、ほとんどが中国の残酷な刑罰のシーンだが、中国の観光地にしては珍しく紂王と妲己のようなお色気場面（但し像としては残念なクオリティだ）も登場する。地下宮殿は奥まで進むと行き止まりになり、入口まで引き返さなければならないという筆者も目撃例が少ないお化け屋敷だ。

『リトル・マーメイド』のアリエルがなぜここに？

『とっとこハム太郎』は懐かしすぎる。

原色をぶちまけた列車にも五星紅旗。

偽ウルトラマンとハイテンションなサル。

実は地下宮殿の入口は2か所あり、別料金だ。

ボートの上で身構える猪八戒。

珍しく領土的主張がなかったラジコンボート。

どんなキャラをイメージして描いたのか不明だ。

かなり老けた木の精。

おっさんのような顔のキリン。

この遊具のコンセプトは児童向け自動車学校。

中国遊園地でよく見るアリと看板。

眠そうなウサギが踊る。

海洋世界ではマーメイドのショーを開催。

仲良く踊るネコとネズミ。

チャップリンは小僧の大きさが気になるようだ。

とても嬉しそうな表情のネズミ。

射的ゲームでゲットしたぬいぐるみ。

前衛芸術のような地下宮殿の入口。

地下宮殿で繰り広げられるエロ（by 封神演義）

覇王別姫の項羽と虞美人。

地下宮殿で繰り広げられるグロ（by 史記）

中国古代四大美女の西施に溺れた呉王夫差。

赤鼻つきの偽物国家首脳陣が
パレードに登場！

🏠 長沙世界之窓

- 読 ちょうさせかいのまど
- 簡 长沙世界之窗
- 発 チャンシャーシージェヂーチュアン
- A Colorful World
- 📍 湖南省长沙市开福区三一大道485号
- 🚌 长沙站から136、158路のバスに乗り长沙世界之窗で下車。
- ↗ 40万平方メートル
- ¥ 150元（約2550円）
- 🕐 夏季：08:30～22:00
  春秋冬季：09:00～18:30
- 🖥 http://www.colorfulworld.cn/

　長沙世界之窓は1997年にオープンした国家4A級旅遊景区のテーマパークだ。公式HPの企業紹介のページによると湖南省最大の文化旅遊項目の1つで、湖南省における重要な精神文明の建設基地であると述べられている。同園は湖南電広伝媒股份有限公司、深圳華僑城控股股份有限公司、香港中旅集団が共同投資して建設している。

　前述の深圳世界之窓と同じように入口のガラスのピラミッドには江沢民の題字が表記されている。江沢民と言えば反日教育を推し進めた元国家主席だが、公式HPのトップページの動画からアニメ『SLAM DUNK』のエンディングテーマソングの「世界が終わるまでは…」が流れるので困惑させられる。

　筆者は長沙世界之窓へ2015年1月と2016年12月に訪問したのだが、同園

巨大なエアー人形のウルトラマンもどき。

レンタルの児童向けウルトラマン衣装。マスクが怖い！

の年末年始は赤鼻祭りと称して入場ゲート付近のダビデ像といった世界の有名彫像レプリカに赤い鼻がつけられていた。来場者にも赤い鼻が配られ、年末年始を笑って過ごそうというコンセプトは悪くない。しかしウルトラマンやミッキーマウスといった有名キャラクターに赤い鼻を装着させて展示するのはいかにも中国らしい。赤い鼻をつけたスタッフがピエロに扮して来場者を楽しませるのは良いが、初回訪問時に遭遇したパレードで赤鼻をつけたアメリカのオバマ前大統領、ロシアのプーチン大統領、北朝鮮の金正恩氏のお面を装着したスタッフが登場！　当時の世界情勢では後にトランプ大統領と金正恩氏が米朝会談をする事になるとは誰も想像できなかっただろう。園内にはノイシュヴァンシュタイン城、スフィンクス、イースター島のモアイ像といった世界の有名建築のレプリカが各所に

『トランスフォーマー』のバンブルビーだよね？

子供に近寄ると恐怖を感じるクオリティだ。

赤鼻をつけてもあまり違和感がないミッキーマウス。

レンタル衣装店前の偽ミッキーの着ぐるみ。

『ドラゴンボール』の孫悟空に赤鼻は微妙…。

ドラえもんに赤鼻をつけると山寨キャラに見える。

配置されているが、深圳世界之窓と比べると衝撃的な問題だらけだ。

　ウェディングフォトの撮影が行われていた教会内部のステンドグラスはシールを貼りつけただけという安普請で、キリストの肖像画も端から剥がれそうだった。桂離宮はほぼ廃墟のような状態で、併設されたレンタル衣装店の前には偽ミッキーマウスの着ぐるみが飾られていた！　同園の回転ブランコに貼られた遊園地の風景写真はまともに見えたが、1枚だけ偽ミッキー＆ミニーマウスの着ぐるみも登場していて注意深く観察しないと見落とすだろう。ノイシュヴァンシュタイン城は2回目の訪問時にはペンキの塗り替え作業が行われていたが、経年劣化が激しい建造物も多数あり。

　同園には最近の中国の遊園地ではあまり見られない毛沢東や劉少奇といった中国建国に関わった政治家の銅像もある。筆者は

回転ブランコにも偽ネズミの着ぐるみが出現!

巨大人型兵器並みの大きさのアイアンマン(赤鼻装備)。

マリオの赤鼻もあまり違和感がない。

新疆ウイグル自治区で知り合った湖南省出身のおじさんに「毛主席(毛沢東)の故郷から来ました」と自己紹介された事がある。湖南省の人民にとっては地元出身の毛沢東の銅像が長沙世界之窓にあるのは当たり前のことと捉えているようで、さすがに銅像周辺はメンテナンスが行き届いている。初回訪問時には同園のゲート前には屋台が並んでいて、「毛主席が好んで食べた」と宣伝している長沙臭豆腐も販売していたが、再訪問時には屋台が撤去されていた。地元の特産品の長沙臭豆腐くらいは食べさせてほしいところだ。

カウボーイレストランや東欧料理店と書かれた看板の食事施設も存在するが、内部のメニューは中国の家常菜(日常の料理)しかないようで、看板の内容に偽りありだ。せめてハンバーガーくらい出す努力はしてほしい。

まったく別のキャラに見える熊。

超級トマトの細毛砣と毛毛。

着ぐるみの口から中の人の顔が見えそうだ。

江沢民が揮毫した世界之窓。

　アメリカのマウントラシュモアのレプリカ付近からは中国の人気テレビ番組「パパ！　どこ行くの？」（原題：爸爸去哪儿）のテーマソングが流れていた。この番組は湖南衛視が韓国の文化放送から著作権を購入して制作。同園は撮影基地という側面もあり、テレビドラマの撮影も行われている。

　同園までの移動手段として市内各所から路線バスも運行されているが、2018年6月の時点では直通する地下鉄駅は存在しない。アクセスはすごく便利とは言えないがうんざりするほど不便でもない。しかし年末年始であっても中国では集客率が悪いテーマパークも多数存在する中、大みそか（中国では平日）でも一定の来場者の姿が確認された。マウントラシュモアのレプリカは2回目の訪問時には撤去されて工事中だったこともあり、それなりに利益を出しているテーマパークだろうと判断した。

激太眉毛の細毛砣。

かわいらしい妹系キャラの毛毛。

　同園にはトマトをモチーフにした「細毛砣」と「毛毛」というマスコットキャラが存在し、キャラグッズも販売されている。中国のテーマパークで野菜のマスコットキャラは珍しいが、他の場所では未見なので、知名度は低いのだろう。しっかりロゴが入ったディズニーキャラのぬいぐるみも販売されているが、明らかに日本のアニメキャラクターのパチモングッズも店頭に堂々と並んでいる。

　近年の中国人の娯楽のニーズもあり、敷地内には巨大プールも設置されている。湖南省長沙市の夏はアフリカ人女性でも熱中症になるくらい蒸し暑いので、巨大プールはかなりの集客力が見込めそうだ。同園はメンテナンスの不備はあるものの、堅調な経営をしていると感じられた。同園に再訪してみるとパクリキャラの減少が見られたので、早めの訪問をお勧めする。

細毛砣之家でキャラグッズを入手せよ！

トマトキャラグッズは激レアアイテムのはずだ。

日本のテーマパークではありえない光景に驚きを隠せない。

国家首脳陣と握手できるチャンス!(偽物だが)

偽物国家首脳陣の後ろをダンサーが盛り上げる!

デコラティブなフロート車。

フロート車にはなぜか七人の小人の姿が!

世界の首脳に赤鼻をつけてみました！

入口で来園者に赤鼻を配布するスタッフ。

カメラを向けるとポーズを決めるプロ意識の高いスタッフ。

この人形、操ってみたい！

黙々と掃除をするおじさん。

ハンマーで幼児を叩くスタッフ(笑)

ちょっと顔が丸いチャップリンはステージでダンスも披露。

遠くからでもかなり目立つアレキサンドリアの大灯台。

大灯台の下のゴーストシップはお化け屋敷だ。

アレキサンドリアの大灯台は登れないのが残念だ。

改修前のノイシュヴァンシュタイン城。

改修中のノイシュヴァンシュタイン城。

改修中の城内は入れなかった。

西洋城塞の雰囲気に欠ける城内の様子。

改修前は城の外観にかなり汚れが目立っていた。

城内は1階しか探索できなかった。

教会をバックにウェディングフォトの撮影。

ウェディングフォトグラファーの腕の見せ所だ。

最高の笑顔でポーズを決める新郎新婦。

安普請の教会に見える。

ヨーロッパと錯覚しそうな光景だが、湖南省だ。

教会のステンドグラスはシールだった！

同園の教会の細部は気にしない方がいい。

剥がれそうなキリストの肖像画。

本物の桂離宮は宮内庁が管理している。

桂離宮の壁になぜか大きな富士山の写真が…。

外観は立派に見える桂離宮のレプリカ。

まるで廃墟のような桂離宮の内部。

夏季の巨大プールは芋を洗うような混雑が予想される。

マウントラシュモアのレプリカは2016年には撤去。

カウボーイレストランの外観。

カウボーイレストランでは中華の日常料理を提供。

毒々しいケーキのような外観。

屋号は東欧面坊だが、中華ヌードルしか提供しない模様。

マニアが狂喜しそうなインチキぬいぐるみ。

屋台では長沙名物臭豆腐を販売していた。

入場ゲート前の屋台は2016年には撤去されていた。

自由の女神とマーライオンの競演。

言わざる！聞かざる！見ざる！

湖南省には毛沢東の生家がある。

共産党の功績をアピールするレリーフでポーズを決めよう！

有名な円盤投げの像にも赤褌を装着してユーモアを演出。

桂離宮前のウォータースライダー。

池の中にピラミッドとイースター島のモアイ像。

黄金のペガサスにも赤鼻をつけたので、笑ってください！

サバイバルゲームのフィールド。

ボート遊びも盛況だ。

インドネシアの伝統家屋と金色の千手観音像。

スタッフによるダンスショー開催！

あとがき

　筆者は中国取材中、某有名ガイドブックを持ち込んでいる。しかし重要なホテル情報が宿泊費の高い物件ばかり紹介しているので、宿探しについてはあまり役に立たない。中国には外国人が利用できない宿泊施設も多く、取材スケジュールによってはその日のホテル探しでかなり苦戦することもある（筆者は基本的にホテルの予約をしないで中国で行動している）。

　広東省広州市へ向かう高速鉄道の車内で筆者は隣席のおばちゃんに「広州市で安い宿を教えて下さい」と尋ねたところ、別車両に座っていた息子さんを呼び出し、筋金入りのバックパッカーという息子さんのガールフレンドまで紹介され、彼女は慣れた手つきでスマホの安宿を検索、外国人が宿泊できることを電話で確認した上で筆者の予約をしていただいた。地下鉄駅近くのユースホステルで、ガイドブックのどの物件よりも安い宿泊費が非常にありがたかった。筆者には重要な事柄なのだが、宿の犬や猫と触れ合えたのも好印象だ。中国にはおおらかな人が多く、こちらの予想以上に親切に接してくれることもある。

　日本で筆者は初対面の人物からも「相当な変わり者」という評価をされるが、筆者の行動パターン、常人よりもしなやかな肉体構造から判断すると、当然のことだと自覚している。画一的な価値観を叩き込む日本の教育的観点からすると、「奇人変人」という表現はネガティブなイメージがある。筆者の場合は一般人と比較して変わっているというだけで批判されることもあり、日本と中国の政治的関係の悪化から、中国へ頻繁に取材を繰り返すことですらケチをつけられるケースもある。中国遊園地の取材は趣味の延長から始まり、サラリーマンの給料をつぎ込んで人に迷惑をかけない範囲で行っているので、「人がやらない変わったことをする」という理由だけで批判する狭量な人間の方がおかしい。人と違う発想ができる人間が漫画・アニメ・ゲームといった世界を熱狂させるコンテンツを生産し、人がやらない研究を極めたのがノーベル賞受賞者だ。歴史上の偉人ともなると筆者以上の奇人変人だと認識している（客観的に見て偉人クラスともなると業績と引き換えに失うものも多いので、そこまで趣味や研究に没頭したくない）。

　『中国遊園地大図鑑　南部編』もこのような内容なので、取材中は筆者も驚くことばかりだ。特に珍珠楽園や青山湖遊楽園については、ほぼ廃墟遊園地になっていたとは事前に知らず、日本では考えられない光景に絶句した直後に興奮しつつ撮影していた。2017年5月に筆者はチベット自治区の遊園地取材を敢行し、中国全土の省、直轄市、自治区、特別行政区に足を踏み入れたことになった。

　本書の続編となる西部編では残りの地域の遊園地・テーマパークを紹介する予定なので、ご期待いただきたい！　最後に、取材に協力していただいた現地の中国人の皆様、本書シリーズをテレビ、ラジオ、新聞、雑誌、ネット媒体、メールマガジンで紹介・拡散して下さった皆様、ありえない内容の書籍にも関わらず店頭に並べていただいた全国の書店員さん、本書を購入してくれた読者の皆様、そして冒険的な企画を書籍にするスーパー編集者の濱崎誉史朗氏に非常感謝！

好評販売中！

中国珍スポ探検隊１

中国遊園地大図鑑 北部編

四六判/224頁/並製　2200円+税
ISBN　978-4-908468-07-0 C0076

キモかわいくない

ネズミやネコの形をした着ぐるみ
中世の城を装うハリボテ・萌えキャラだらけの遊具
食欲失せるフードコート・トラウマ必至のお化け屋敷
日本兵相手のサバゲー風の抗日テーマパーク
色彩感覚が気持ち悪く・版権的にも問題があり・エンターテインメント性
や安全性に疑問符が突き付けられている中国の遊園地を徹底調査！

中国珍スポ探検隊２

中国遊園地大図鑑 中部編

四六判/224頁/並製　2200円+税
ISBN　978-4-908468-08-7 C0076

君の名は？

ドラえもん？ミッキー？フェリックス？
ここはどこ？パリ？ロンドン？ベルリン？戦前上海？
超巨大関羽像・世界最大映画撮影所・航空母艦
本物の上海ディズニーランドやハローキティパークも
シリーズ第二弾は上海を含む中国中部。近年富裕層激増エリアの為、
いんちき遊園地と圧倒的スケールを誇るテーマパークが入り乱れる！

関上武司（せきがみ・たけし）

　愛知県在住の技術職のサラリーマン。1977年生まれ。日本や中国のB級スポットや珍スポットを紹介する旅行ブログ・『軟体レポート』の管理人。合気道の高段者も驚く柔らかい身体の持ち主で、オーストラリアにて軟体大道芸で生活費を稼いでいた経歴あり。中国の取材は南方訛りの中国語と強行スケジュールで行っている。スマホの万歩計によると取材時は1日2万〜3万歩以上は歩くので、週2〜3回の筋トレが欠かせない。都築響一氏のメールマガジンROADSIDERS' weeklyで『ROADSIDE CHINA 中国珍奇遊園地紀行』連載中。

ブログ　http://blog.livedoor.jp/nantaireport/
Twitter　@SoftlyX
メール　tsekigami1977@yahoo.co.jp

中国珍スポ探検隊Vol.3
中国遊園地大図鑑
南部編

2018年8月1日　初版第1刷発行
著者：関上武司
撮影：関上武司
デザイン：合同会社パブリブ
発行人：濱崎誉史朗
発行所：合同会社パブリブ
〒140-0001
東京都品川区北品川1-9-7 トップルーム品川1015
電話 03-6383-1810
印刷＆製本：シナノ印刷株式会社